THE COMPLETION PROCESS

The Practice of Putting Yourself Back Together Again

完了プロセス

失われていた自分の一部を取り戻す実践法

ティール・スワン 著
TEAL SWAN
奥野節子 訳

ナチュラルスピリット

THE COMPLETION PROCESS
by Teal Swan

Originally published in 2016 by Hay House Inc., USA

Japanese translation published by arrangement with Hay Haouse UK Ltd.,
through The English Agency (Japan) Ltd.

Tune into Hay House broadcasting at:www.hayhouseradio.com

自由とは、自分自身を取り戻すことの中に存在します。
それは、人生が与える毒を蜂蜜へと変えるということです。
そして、自由とは、人生の華やかな成功と同じように、
すべて真っ黒な土壌から生まれてきます。
人生で与えられる一つひとつの惨めな状況は
私たちの成熟を促すものにほかなりません。

私たちの魂は永遠であり、
世の中で、それがいかに傷つけられたかを見つけようとします。
そして、再び全体である本来の姿へ戻るために、
耐え難い苦しみをものともせずに消し去ります。
そうすれば、完全無欠な状態の美とは、
憎しみや敵意と無縁でないことがわかるでしょう。
それどころか、まさにそのような経験から生まれてくるものなのです。

ティール・スワン

目次

はじめに

それは、２００１年のことでした。私は、両手と両足を縛られて、穴の中に閉じ込められていました。長年にわたる虐待のせいで、危険に対する感覚がマヒしてしまい、恐怖心さえありませんでした。人生に絶望した状態だったと言えるかもしれません。私には人生に意味があると思えませんでした。私の人生とはまさに拷問部屋のようであり、そこから生きて出ることなどできないという現実を受け入れていたのです。

私は小学生の頃、家族の知人である男性の標的になり、虐待を受けていました。家族は知りませんでしたが、彼は精神病質者《サイコパス》でした。外見上は尊敬されるコミュニティのリーダーで、健康の専門家でしたが、実は大きな闇の部分を抱えていたのです。彼がカルト集団の儀式に参加していることは、ごくわずかな人しか知りませんでした。そんな人物が、なんと私のメンターになり、自由に近づける許可を得たのです。両親は心から彼を信頼し、私と彼の関係が精神的、肉体的拷問の上に成り立っていることなどまったく気づいてもいませんでした。幾度となく危険なサインを目にしながらも、それを誤解していたのです。その上、もし本当のことを誰かに打ち明けたなら、家族を殺すと私は脅迫されていました。実際、彼にとって殺人は大したことではないと知っていました。このようにして、私に対する残酷な虐待は、13年間も続けられたのです。

私は気の遠くなるような時間を地面に掘った穴の中で過ごしました。〝マインドスペース（心の空間）〟と呼ばれたその穴は、ちょうど人が一人座ることのできる大きさでした。穴は、風化した木材を格子状に釘づけした蓋で塞がれていました。夏になると、穴の底はトゲのあるイラクサで覆われました。これは、〝私の心を鍛える〟ための彼のアイディアでした。その穴に入れられる前に、私は裸にされて、両手と両足を縛られました。どれくらいの時間、そこに置き去りにされるのか見当もつきませんでした。彼が永遠に私をこのままにしておくのか、私を殺すつもりなのか、それとも、夜遅く両親のところへ返してくれるのか知るよしもありませんでした。

何が起こるかわからないという苦しみにもかかわらず、数えきれないほどこの恐ろしい穴の中に閉じ込められたせいで、これが日常的な出来事のように感じていました。つまり、その苦しみにすっかり順応してしまっていたのです。ただ一つのことを除いては……。マインドスペースに入るのは、一人ぼっちにならなければいけないことを意味し、それだけは耐えられませんでした。私は、自分の中に空っぽさのみを感じていました。その空っぽさとは完全な空虚さであり、しかも、深い悲しみに彩られていました。

その穴に閉じ込められている何年もの間、私は深い悲しみを避け、空虚さから遠ざかるためにやれることは何でもやってきました。そしてある日、何かが起こったのです。マインドスペースに座っていると、やがていつもの絶望感がやってきました。でも、その時は何かが違っていました。もし絶望感の中で動きがあるなら、それは私が新しい感情に向かって旅しているということだと気づいたのです。絶望感について考えれば考えるほど、何かへの動きとは、望まないものではなく、望むもののほうへの動きでなければならないことがだんだんはっきりしてきました。

そして、私は自問自答しました。「私が内側で望んでいないことは何だろうか?」そして、「私が内側で逃げようとしているものは何だろうか?」と。その結果、驚いたことに、私は、自分の〝絶望感〟によって、実は絶望を感じないようにしたり、完全に希望がなくならないようにしていたりすることを発見したのです。希望を失うとは、人間の感情の領域において、無力感というもっとも強烈なフィーリングです。絶望することは死を意味すると、私の中で確信している部分があり、生き延びるために絶望を感じることに抵抗していたのでしょう。

その日、私は勇気を出そうと決心したと言えるかもしれませんが、実はただ希望を捨てただけでした。私は生き地獄のような13年間を過ごし、精神的に疲れ切った状態で、崖っぷちに一人立たされていました。絶望感は、まるで竜巻のように私がどこへ逃げても追いかけてきて、逃げることにも疲れてしまったのです。私が望むのは死ぬことだけでした。そこで、これまでずっとしてきたのとは正反対のことをしてみたのです。私はくるりと向きを変えて、竜巻のほうへと突進しました。それはまさに感情的な自殺行為とも言えたでしょう。一体何が起こるのかわかりませんでしたが、とにかくやってみたのです。それは大きな驚きをもたらしました。

少しの間、私はすさまじい苦痛の中で溺れていました。まるで、自分が押しつぶされ、傷つき、粉々になってしまった感じでした。私は深呼吸を一度し、そこから逃げるのではなく、もっと深いところへ入っていったのです。私は、そのフィーリングに、自分を破壊し尽くす許可を与えました。まるで、それに正当な存在理由があるかのように許したのです。まもなく、海底に太陽の光線が差し込んだように、私は軽くなった感じがしました。そして、安堵感を味わっていました。感情そのものへの恐れが、感情へ飛び込むという選択をしたことで消滅していたのです。

私はしばらく、その安らぎの中に浸っていました。それは、私の人生で、自分自身を見捨てなかった初めての経験でした。その時点では、どうしてうまくいったのか見当もつきませんでした。ただ、うまくいったということだけはわかりました。ですから、それと同じことを何度も何度も繰り返しました。つまり、竜巻から逃げ出したいという不快な感情に直面するたびに、あえてその感情の中へと飛び込むようにしたのです。

ついには、私の子ども時代を奪った男性から何とか逃れることができました。それから何年もの間、その傷を癒やそうと努力を重ねました。自分がたまたま見つけたやり方がどうしてうまくいったのかを、はっきり理解しようとしたのです。そして、どのようにして自分自身を癒やすことができたのかを理解した時、これは世の中を変える突破口になると私は確信しました。

今こうして私が見つけ出した「完了プロセス」を紹介できることは、絶妙なタイミングだと言えるでしょう。というのは、世界中で非常に多くの人々が癒やしを必要としており、その癒やしは、自分の感情を本当に感じることから始まるのだと発見したからです。私たち人間は、実際にこの世を目で見る前に、子宮の中でさまざまなことを感じています。小さな赤ん坊として生まれ出た時、私たちは知覚を通して世の中全体を経験します。私たちが成長していくと、子どもの時の感情のトーンは大人へとそのまま持ち越されます。それは、私たちが子ども時代に学んで得た波動の状態です。

本質的に、私たちは、この感情のトーンを通して人々との結びつきを学びます。もし子ども時代の感情のトーンがポジティブなものなら、それはポジティブになります。しかし、子ども時代の感情のトーンがネガティブで痛みを伴うものなら、その状態が大人になってから世の中を認識するフィルターになります。そして、それが決して乗り越えられないように思えるトラウマの感情的ベースラインになってしまいます。私たちは、それを乗り越えようと〝自分自身の修正〟に人生を費やしますが、決して成功することはありません。

私の場合、長期にわたる残酷な虐待のトラウマを専門とする、数人のセラピストから5年間ものセラピーを受けました。それによって、その分野における代表的な療法や最新のセラピーを経験し、効き目があるものとないものがはっきりわかりました。

伝統的なトラウマセラピーを受けていた時、私はインナーチャイルドのワークに出会いました。それは、私にとって素晴らしい体験でした。インナーチャイルドのワークの背後にある理論は、この世のすべての人が、子どもだった時の本質を内側に持ち続けているというものです。大人になるにつれて、私たちのある部分は成長しますが、他の部分は子どものままなのです。このインナーチャイルドは、感情的自己を象徴しています。子ども時代の経験がよいものでも悪いものでも、子どもとして必要なものを得られなかったとしても、あなたの大人の部分は成長します。ですから、癒やしの鍵を握るのは、大人のあなたということです。

けれど、私がトラウマセラピーを受けていた時、インナーチャイルドのワークでは、安堵感を覚えるところまで到達しませんでした。マインドスペースで見つけたやり方がうまくいった理由をはっきりと理解したのは、私がスピリチュアルの指導者として、世界的に知られるようになってからのことでした。その時、私は、なぜインナーチャイルドのワークが効果的なのかもわかりました。そして、さらに重要なことですが、私の見つけたやり方にインナーチャイルドのワークを組み合わせることができると気づいたのです。

私は究極の目標を見つけたと思いました。そして、非常に深く傷つき、打ち砕かれてしまった人でさえ再び全体性を取り戻せるようなプロセスを作り始めました。それを自分自身でまず試し、それからクライアントに用いてみながら、そのプロセスを完成させていったのです。私の願いは、あなたに喜びにあふれた人生を経験してもらうことです。それは、勇気を持って自分の内側へと深く入る旅を始め、失われていた自分の一部を取り戻そうとした人だけが手に入れられるものです。このプロセスが、長期にわたる残酷な虐待を生き抜いた私を癒やしたのであれば、どんな人でも癒やすことができるでしょう。私はこの方法を「完了プロセス」と名づけました。

パート1

「完了プロセス」の理論的背景

第1章

内なる和解を求めて

「完了プロセス」は解放への入り口です。それは、あなた自身を再びもとの状態へ戻す方法にほかなりません。そうすれば、あなたはもう過去から抑圧されることも、未来を恐れることもなくなるでしょう。これはどんな人にも役立ちます。私たちは誰でも、癒やしを必要とする過去の傷を抱えています。そして、たいていの場合、現在の生活で経験しているさまざまな症状が、過去の傷とつながっていることに気づいていません。でも、実は密接につながっており、単に、点と点を線で結びつけていなかっただけなのです。

ほとんどの人は、自分の世界が調和と喜びの場所であるようにと願っています。けれど、調和と喜びは今ここに存在し、同時に対立や苦しみも存在するというのが現実です。毎日、心に傷を負った兵士たちが戦争から帰ってきます。戦火で荒れ果てた地域に住む人々は、粉々になった人生の破片を拾い集めながら、前へ進もうともがいています。子ども達は虐待を受け、女性たちはレイプされ、自然災害によって人々はすべてを奪われています。救命救急室のドクターや救助隊や消防士は、恐ろしい状況下で人々を助けていますが、自分自身が経験している苦悩に対処できずにいます。また、虚しさから逃れようとして、中毒や依存症になる人たちもいます。私たちが悪戦苦闘するこのような状況のすべてに共通したものが一つあります。それは、トラウマです。

トラウマは、症状として、フラッシュバックや悪夢、不眠症や身がすくむような恐怖、依存症や不安やうつ、あるいは、過去の出来事への取り憑かれた思いなどがあらわれます。自尊心の低さや自傷行為、慢性的な痛みや精神病で苦しんだり、あるいは、人生に満足感が得られず、つらい人生だと感じていたりする人もいるでしょう。ほとんどの人は、この症状の原因が何であるのかわかっていません。それが未解決の経験と関係しているなどとは考えてもいないのです。でも、このような非常につらいエピソードは、子ども時代のトラウマにその根っこがあるのです。たとえそれが日々の生活で深い悲しみを生み出しているとしても、人はそのトラウマを自覚さえしていないかもしれません。現在の心理療法はこのことに気づき始めており、患者に対するセラピストのアプローチは、「あなたの何が問題か？」から、「あなたに何が起こったのか？」へゆっくりと、しかし確実に移行しています。

トラウマの影響を受けずにすむ人は誰もいません。私は、文化や年齢や職業などの枠を超えて、世界中の人々へ「完了プロセス」を紹介してきました。また、私の個人セッションでは、悲嘆にくれる人、精神的な病や依存症、肥満、慢性の病や末期の病に苦しむ人たち、あるいは、子ども時代の性的虐待に苦しむ人に対して用いてきました。また、戦争や事故、災害や個人的な悲劇を経験したことによる心的外傷後ストレス障害（以下ＰＴＳＤ）にも非常に有効でした。

この本は、「完了プロセス」の入門書です。これを読めば、あなたはこのプロセスを理解し、それを実践して自分の人生を変容し、さらには、あなたに助けを求めてくる人たちの人生をも変えることができるでしょう。

この本の使い方

パート１は四つの章からなり、このプロセスの背後にある理論的な面について説明しています。特に、人間のマインドが、記憶や感情やトラウマに関してどのように働くかについて述べています。このことを理解すれば、「完了プロセス」の実際のステップが腑に落ちるはずです。パート１では、あなたが普遍的な真理をさらに深く理解できるように、私自身の人生や私のクライアントの例も紹介しています。

「完了プロセス」は18のステップから構成されており、それはパート2で詳しく説明しています。各ステップで、それを行なう理由、その進め方、特定の感情や反応があらわれたらどうするかなどについて述べています。あなたは、自分だけで「完了プロセス」を行なうこともできますし、信頼できる友人や資格を持つプラクティショナー（ＣＰＣＰ）と一緒に実践することもできます。

「完了プロセス」にはステップ1から18までありますが、一つのステップが自然に次のステップへと導くように作られています。理解を深めてもらうために、私はこのプロセスを三つの章にわけて説明しています。第6章ではステップ1から6までを紹介しており、ここでは現在の生活で苦しみを生み出している記憶を再び体験します。第7章では、ステップ7から13を扱っていて、癒やしのために記憶そのものを変えることについて述べています。第8章は、ステップ14から18について述べています。ここでは、自分自身を特定の記憶から解放し、現在という時間軸に調和させていきます。

パート3では、「完了プロセス」を実践している人たちに直接お話ししてもらいます。第9章の体験談では、このワークがもたらしてくれる恩恵についても語られています。

何を〝完了〟しようとしているのか？

人生は予測不能です。やっとうまくいったと思ったら、すべてひっくり返ってしまうということもあるでしょう。また、突然乗っている列車が脱線したように感じたり、パドルなしのカヌーで川の上流へと向かっているような感じがしたりするかもしれません。あなたが大惨事に直面していたり、大混乱の中にいたりするなら、それは、あなたが再び統合する必要があるというサインかもしれません。これらすべての経験には、しっかりした根拠と必要性が存在します。それらは私たちの発達に必要なもので、その学びは興味をそそり、非常に有益なものになるでしょう。

自分の記憶を呼び起こす引き金となるものを「トリガー」といいます。トリガーに注意を向けることを学び、核となっている問題に対処する時間を取れば、あなたは自分を癒やすことができます。トリガーは重要な概念ですので、それについて少し説明したいと思います。トリガーとは、過去のトラウマの記憶を思い出させ、そのような記憶が表面に浮上するよう助けるものです。それは、言葉や声の調子だったり、匂いや感覚、顔や場所、あるいは、不安や恐れを感じさせる状況や物かもしれません。自分では、なぜ突然気分が悪くなったり、傷ついたり、不安を感じたりしたのか見当もつかないでしょうが、あなたの潜在意識は知っているのです。

このように、トリガーは昔の傷を思い出させ、その問題に取り組ませようとするシグナルです。トリガーはネガティブなものでも迷惑なものでもありません。むしろ、それはあなたのバラバラになった側面を再び統合しようとしているだけなのです。突き詰めると、「完了プロセス」は、トリガーを用いて、あなた自身のバラバラになった側面を再統合し、全体性を取り戻すための実践的かつ強力な方法です。

本書を読み進めるにつれて、この意味がもっとよく理解できるはずです。ですから、今の段階では、次のような川のたとえ話で考えてみてください。あなたは川で、トラウマの出来事によって分裂した子ども時代の自分の部分は、川から分岐した小川のようなものだと思ってください。

自然では、たくさんの小川が合流すればするほど、川の水量はどんどん増えていきます。実際、あなたの意識は巨大なエネルギーの流れなので、自分の失われた部分と再び一つになるたびに、あなたのエネルギーはますます増えていき、これまで以上に大きなレベルの意識となります。自分は、まだ制作途中にある素晴らしい作品のようなものだと認めた時、この持続的な拡大に喜びと安らぎを見出すことでしょう。

でも、このプロセスで、〝完了〟と〝終了〟を混同しないでください。あなたは新しいレベルの目覚めに到達するたびに、視野がさらに広がります。目覚めに引退という言葉は存在しません。私たちは決して〝終了した状態〟にならないということが、人生の偉大な美しさなのです。

本当の自分を明らかにするのは継続的なプロセスであり、終わりがないということを知って、がっかりしないでください。本当の自分が明らかになり始めたら、あなたは自分が生まれながらに自由であること、誠実さや喜びや愛を持って生まれてきたのだとわかるでしょう。単に、これらすべての贈り物を忘れるように条件づけられていただけなのです。

言葉の意味について

「完了プロセス」は、あなたの過去の傷に癒やしをもたらします。ここで言葉の意味について注意をしたいと思います。この文脈で、〝傷〟という言葉は、血がにじみ出てくるような切り傷という意味ではありません。それよりむしろ、まだ癒やされてない感情的、精神的、身体的な苦しみを意味するものとして、私は使っています。

〝癒やし《ヒーリング》〟という言葉でさえ、少し誤解があるかもしれません。一般的に、〝癒やし〟には、現状のままではよくないという意味が含まれています。これは、「過去の何かがよくなかった」という私たちの誰もが持っている基本的な〝傷〟のことを指しています。「完了プロセス」の素晴らしさとは、あなたが傷に対して意識を向けることが癒やしになるということです。無条件に内なる傷とともにただいることによって、あなたは自分が感じるように感じても大丈夫だとようやく実感するのです。このプロセスを進めていくにつれて、この考え方がもっとよく理解できるようになるでしょう。

「完了プロセス」では、自分の感情を変える必要もなければ、感情が変わるように願うこともありません。むしろ、感情に対して何かをお願いすることもなければ、何かを強いることもないからこそ、感情が変わるのです。私たちは、自分自身に対して無条件の注目、すなわち無条件の愛を与えます。このような行為が、私たちをありのままの自分へと変容させるのです。それによって、私たちは統合し、全体性を取り戻せるでしょう。

「完了プロセス」を行なう人たちは癒やしの道を歩んでおり、その過程で、真の自己を隠していた層が剝ぎ取られていき、人生における苦しみのサイクルが終わりを告げます。それは、もうネガティブな感情があらわれないという意味ではありません。むしろ、かつてのようにネガティブな感情が苦痛を与えることはなくなるという意味です。

「完了プロセス」は何を与えてくれるのか？

昔のクライアントから感想や意見をもらえることは、ヒーラーである私にとって非常に嬉しいことです。このプロセスがどんなもので、何を与えてくれるのかという感触を得てもらうために、ここでクライアントのストーリーを紹介しましょう。クライアントのトラウマは、あなたのものとまったく違うかもしれませんが、どんなトラウマであろうと、「完了プロセス」は同じような効果があります。

私は、ジョアンナというクライアントのことを、とてもよく知っています。でも、私より彼女自身に経験を話してもらうほうがあなたの心に深く響くでしょう。

ジョアンナは、「完了プロセス」が自分の人生で果たした役割についてはっきり理解しており、こう語っています。「それはまさに私の命を救ってくれました。この方法に出会うまで、私は魂の抜け殻のようでした。私の人生は非常につらいもので、もう生きていたくないとずっと思っていました。日々耐え難い苦しみの中にいて、幸せや喜びや楽しみがどんなものであるのか見当もつきませんでした。それらは単なる言葉の概念にすぎず、私の現実からは遠く離れたところにあり、それが可能であることも忘れてしまっていたのです。どんなことをしても、自分のいる地獄から逃れることはできないように感じられました。自分の過去につきまとわれ、何年にもわたる性的虐待とうつ状態から脱出できずにいたのです」

私がジョアンナに初めて会った時、彼女は自分の過去と現在の両方に対して無力感を抱いていました。このことが、実質的に彼女の人生のあらゆる側面に影響を及ぼしていました。「うつ状態は好都合でした。そのおかげでずっとベッドの中にいられましたから。私はベッドから抜け出したくありませんでした。というのも、外の世界と触れ合いたくなかったからです。内側の世界が地獄のようだと感じている時、どうやって外の世界に対処できるというのでしょう。毎日、死ぬことだけを願っていました。何かが劇的に変わるか、もしくは、私が死ぬかのどちらかしかありませんでした。そんな時、『完了プロセス』と出会ったのです」

「このプロセスを始めた時、明らかに先は長いと感じました。私は自分の身体の感覚も、これまでの記憶も失っていました。ですから、赤ちゃんのように少しずつ身体に息を吹き込むことから始めなければなりませんでした。それでも、前よりもずっと気分がよくなりました。実際、すぐに『完了プロセス』は、私にとって人生に行き詰まった時の頼れる手段になったのです。このプロセスは簡単ではありません。なぜなら、これまでの人生で避けてきたあらゆるものを再び経験しなければならないからです。でも、そうする価値はあると断言します。私は、もっとも恐ろしい記憶にこのプロセスを用いました」

ジョアンナは、勇気を持って、自分のストーリーをすべて話すことにしました。それは、彼女が自分の真実を明らかにすることで、同じようにとても暗く恐ろしい状況にいる他の人たちを助けられるかもしれないと思ったからです。「トリガーに出会って、『完了プロセス』を使わなければならない瞬間がありました。レイプの場面が何度も繰り返してやってきたのです。私は逃げ出したくてたまりませんでしたが、最後までそのプロセスを続けました。そして、とうとうその悲痛な一つひとつの場面を乗り越えることができました。驚くほど強烈な体験を経て、私はようやく自分の人生を生きることができるようになり、そこには単なる暗闇以上のものが存在すると気づいたのです」

ジョアンナの過去が彼女に対する支配を失った時、彼女は、毎日苦痛を感じながら生きる必要がなくなりました。彼女は、自信を持ってこう言っています。「私は今、自分が人間の形をした抜け殻ではなく、人間そのものであるように感じています。このプロセスのおかげで、私は過去と決別し、とても素晴らしい瞬間をたくさん経験できました。私にとって、このプロセスは、トンネルの向こう側に見える光です。『完了プロセス』は絶望的だと思われた状況に希望を与えてくれ、私を生き返らせてくれました」

「完了プロセス」という素晴らしいチャンス

ジョアンナのように、あなたもこの本を手にし、「完了プロセス」に出会いました。それはつまり、あなた自身、あるいはあなたの知っている人や愛する人が、このプロセスにぴったり合っているからです。そうでなければ、宇宙がこの方法をあなたにゆだねることはないでしょう。今こそありのままの自分でいる方法を学び、本来の自分に立ち返って、自分のお世話をする準備ができているかどうかを見つけ出す時です。

今この瞬間、自分の中で何が起こっているか考えてみてください。あなたの身体は、あなたを必要としています。あなたのマインドは、あなたを必要としています。あなたの感情は、あなたを必要としています。あなたの痛みを伴う知覚は、あなたを必要としています。傷ついているインナーチャイルドは、あなたを必要としています。あなたの苦しみは、あなたを必要としています。とても長い間、あなたに対して叫び声を上げてきたこれらの部分と心から一緒にいてあげる時なのです。

　あなたは理解や思いやりに触れたことがなく、ずっと苦しんできました。あなたは無条件の愛を知らずに苦しんでいるのです。このような苦しみが起こるのは、人生がうまくいき、ポジティブに感じている瞬間だけ、自分自身と一緒にいたいというメッセージを自分に与え続けているせいです。つまり、あなたは、都合のよい時だけ自分の友人になっているということです。さらに言えば、自分自身を愛するための条件を設定したのです。これはもっとも深い裏切りの形態です。けれど、それは、私たちが集合的に持っている一つの傷にすぎません。今、あなたは、これらすべての傷を癒やして、自分自身と仲直りするチャンスを手にしているのです。

潜在意識について

　どんなに素晴らしい子ども時代だったとしても、地球上の誰もが、トラウマを経験しています。ですから、程度は違っても、すべての人がＰＴＳＤを経験しているということです。自分にＰＴＳＤがあるとわかっている人は、日常生活で大きなストレスを抱えており、医師からそのような診断を受けているはずです。けれど、私たちみんなが、多かれ少なかれ、人間として同じようなトラウマを持っているのです。これがどうやって起こっているかを理解するために、まず人間のマインドについてお話しすることから始めましょう。

人間のマインドには潜在意識と顕在意識があります。私たちは自律神経系の側面をコントロールしている部分を潜在意識と呼んでいます。つまり、潜在意識は、心拍、体温、消化のようなものをコントロールしています。あなたは、心臓を動かそうと考える必要はありません。

潜在意識は、顕在意識が関心を払わないあらゆることを管理しています。もし自分の心臓を動かし、食べ物を消化することを常に考えなければならないとしたら、私たちは他のことに集中できないでしょう。集中とは、私たちが創造し、学び、進化するのに必要なことです。そして、集中は顕在意識がもっともうまくできることなのです。

潜在意識は、あなたの信念や過去の人生経験、あなたの記憶やすでに獲得したスキルを任されています。潜在意識は、学んで手に入れたものを管理しており、そのため人間は人生における他の重要な事柄に集中できるのです。もし何度も同じことを考えれば、やがて潜在意識がそれを引き継ぎ、自然にあらわれるようになります。潜在意識のこの側面を理解してもらうために、オリンピックの水泳選手の例を挙げましょう。小さい頃、泳ぎを学んでいた時、彼らは水泳中に他のことは何も考えられませんでした。一つひとつのストロークに、全神経を集中しなければならなかったからです。しかし、しばらくすると、自動的にそのストロークができるようになりました。さらに、オリンピックの選手になってからは、非常にうまく泳げるので、泳ぎ方について考える必要などまったくなくなりました。泳ぎながら、夕食の計画を立てることさえできるくらいです。

この一流のアスリートにとって、初心者に泳ぎ方を教えるのは難しいでしょう。なぜなら、ずいぶん前にそのやり方を学んだからです。何年も前に、潜在意識がその行動を引き継いで、今では何も意識せずに泳げるようになってしまいました。それは無意識のうちに行なわれています。つまり、潜在意識は、あなたが何も考えずに呼吸をし、生きることができるようにしてくれているものなのです。

これを「完了プロセス」に当てはめた時、潜在意識について理解しなければならない重要な事実があります。〝潜在意識は、顕在意識の邪魔をするあらゆるもののコントロールを引き受ける〟ということです。これは、潜在意識が私たちを生存させることも、私たちの人生を破壊することもできるという意味です。列車が自分のほうへ突進してきている時、その進路から逃げ出そうと意識的に考えなくてもいいのは、潜在意識のおかげです。

けれど、潜在意識のこの働きは、短期的には私たちの利益になりますが、長い目で見ると大きな損害を与えるかもしれません。その一つの例は、私たちの持つ信念です。もし小さい頃にあなたの両親が離婚していれば、誰かを愛するのは危険だと信じてしまう可能性があるでしょう。なぜなら、いずれ愛する人を失うだろうと思うからです。

もし恋愛について深刻に悩んでいるのなら、潜在意識がそのような信念を持っている可能性があります。でも、あなたは自分のもともとの考えや信念を自覚していません。誰かと親密になりそうになると、自分のほうから離れて関係性を断ってしまうのを観察しているだけです。大人になったあなたは、それによって引き起こされた症状に気づいているだけで、その根本的な原因は、潜在意識の奥に埋もれたままなのです。このように、潜在意識はあなたの思考と感情を乗っ取ってしまいます。さらに、状況が極端に危険になった場合、顕在意識を脅かす記憶すべてを乗っ取ることもあります。

いかに記憶が抑圧されるか

抑圧された記憶は、現在、心理学の分野で論争の的になっています。記憶の抑圧は、強烈なトラウマやストレスのある状況下で起こり、無意識のうちにその状況全体の記憶がすべてブロックされます。そうなると、その時の記憶が抜け落ちてしまいます。たとえ、その特定の記憶が現在の生活に影響を与えているとしても、それを思い出すことはできないのです。

心理学の領域では、抑圧された記憶という概念に異議を唱える人もいます。その一方で、全面的にその考えを支持している人たちもいます。そして、私も支持者の一人です。抑圧された記憶は現実に存在し、あらゆる人がそれを経験していると私は信じています。問題なのは、抑圧された記憶があるかどうかではなく、〝どの程度抑圧されたのか〟ということです。

抑圧された記憶についてさらに理解を深めるには、トラウマがどのように働くのかを理解する必要があります。トラウマとは、体験によって引き起こされた感情的かつ精神的な苦悩の状態のことです。実は、トラウマは必ずしも真の悲劇というわけではありません。たとえば、今日の主流になっている病院で赤ん坊を生むことはトラウマ的な体験になるでしょう。離乳も、赤ん坊にとってはトラウマ的体験です。3歳児がスーパーで母親の姿を見失うのもトラウマ的体験です。このような広い定義でトラウマを見ていけば、地球上のどんなに素晴らしい親でさえ、子どもにまったくトラウマ的体験をさせずに育てることはできないとわかるでしょう。子ども時代の失望感のように、小さなトラウマと思えるものも、それを体験した当時は、決して小さなものだと思えなかったということに気づいてください。

感情的に傷つく出来事を経験した時、人はその出来事を自分の意識に統合できないことがあります。そして、統合できずにいると、自分の感情を守るために、その記憶をすべて抑圧してしまいます。そうすると、記憶は自己から解離され、断片化した形で保存されます。

〝断片化〟とは、どういう意味なのかを説明しましょう。記憶には、音や味、匂いや目で見た光景、感情のような感覚が一緒についてきます。トラウマになるような状況の場合、記憶の感覚的な側面は別々に保存されるのです。たとえば、マインドは、記憶に関するイメージを、その時の感情よりも深く抑圧します。ですから、抑圧された記憶を取り戻した人たちは、断片的にそれを知覚したり、部分的に思い出したりすることが多いのです。記憶を取り戻すプロセスが非常に混乱しがちなのは、そういう理由からです。

たとえば、子どもの頃に性的虐待を受けた人は、実際の出来事を記憶していないかもしれません。けれど、マインドは視覚的イメージに比べて、それに関係する匂いや感情の部分をあまり抑圧しないので、大人になった時、匂いがトリガーとなって記憶が呼び起こされるかもしれません。過去の虐待のことなどまったく意識せずに、スーパーの中をのんびり歩いていた時、突然、子ども時代に虐待者が使っていたコロンの匂いを嗅いだとします。この匂いに耐えられず、吐き気を催したり、不安発作を引き起こしたりすることもあるでしょう。

この場合、コロンの匂いが記憶の恐怖（感情的側面）を呼び戻したのですが、本人は意識的に記憶の全体を思い出したわけではなく、何がトリガーになったのかさえ認識していません。吐き気やパニックの波が不意にやってきたように思うだけです。しかも、その反応はまったくランダムに起こるので、自分がおかしくなってしまったと思うかもしれません。

トラウマを経験すると、マインドが解離することもあります。これは、「完了プロセス」を理解する上で重要な概念ですので、もう少し詳しく説明しましょう。解離状態とは、経験したことを自分から切り離してしまった心理的状態のことです。このような考え方をすれば、解離は、私たちが不快な経験を避ける防衛メカニズム、あるいは対処メカニズムということになります。

解離は、トラウマと同じように、マイルドなものからシビアなものまであります。一番マイルドな解離は、その瞬間、自分がしていることや経験していることに集中せず、空想しているような状態になります。あるいは、感覚が失われたようになることもあるでしょう。もっともシビアな解離は、現実から完全に切り離され、自己のアイデンティティを失ったり、あるいは新しいアイデンティティを創造し始めたりするかもしれません。これは、残酷極まりない虐待、性的虐待、戦争を体験した時に見られます。

解離の種類を見てみると、一方には、怒りの感情を拒絶している人がおり、もう一方には、恐ろしい出来事から逃れるために、自己のアイデンティティから離れようとしている人がいます。どんな種類の解離も、意識的な自己と無意識の自己との間に分裂を生じさせます。もし解離が頻繁に起これば、自分の中にたくさんの分裂した部分を持つことになるでしょう。

経験から解離することによって、あなたはその経験を自分の気づきの外へと押し出してしまいます。そうすれば、その出来事と関係した痛みや不快な感情に耐える必要がなくなるからです。さらに、解離は生存を優先したものなので、マインドにも役立ちます。それは、単に、身体的だけではなく、精神的、感情的に生き延びることを意味します。あなたが小さな子どもで、自分を虐待している人に依存していたとしたら、その人と一緒にいるしか選択肢はなかったのでしょう。

突き詰めると、〝モンスターと生きること〟による認知的不協和があまりにも大きすぎて、そのような恐怖の中で生き続けることはできませんでした。ですから、あなたは虐待の記憶を抑圧することによって、自分を虐待した大人への愛着を維持しながら、自分が生き延びられるようにしたのです。

「完了プロセス」を行なうと、おそらく自分が忘れていた多くの記憶を取り戻し、さらに、覚えている記憶についてもより詳細な部分を思い出すでしょう。あなたは、過去のある経験がいかにトラウマとなっていたか、そして、現在の生活がいかにその経験の影響を受けていたかに気づくはずです。

拒絶した自分の一部はなくならない

私たちは何一つ欠けたものがない完全な状態で生まれてきました。けれど、他人を頼りにして生きているので、その完全な状態はつかの間のものです。人生は家族への依存から始まります。家族は、子どもが社会生活に適合できるように育てますが、この社会は十分に進化しておらず、そのために問題が生じます。つまり、私たちは、自分自身に好ましい側面と、好ましくない側面があることを学ぶのです。何が好ましく、何が好ましくないかは、あなたが生まれた家族の見解によって決まります。

ポジティブなものでもネガティブなものでも、好ましくないと考えられた側面は、家族から拒絶され、好ましいと思われた側面は歓迎されます。私たちは人間関係を頼りにしているので、生き延びるためという名目によって、みんなに承認されなかった側面を拒絶し（それゆえ、抑圧し）、承認された側面を強調するようになるのです。

実のところ、解離という自己保存の本能は、自己拒絶を生み出します。その例として、怒りの感情を表現するのは好ましくないと考える家族に生まれた子どものことを考えてみましょう。その子どもは、自分が怒りを感じるたびに恥ずかしいと思い、その家庭で生き残るために、自分の怒りを抑圧し、否定します。すると、やがて怒りは潜在的なものになっていきます。

この子どもが大人になった時、自分の中に怒りがあることさえ気づかないでしょう。自分のその側面を拒絶したので、自分自身のことをはっきり見ようとせず、見ることもできなくなっています。ですから、怒っているようだと人から言われても、自分のことだとはまったく思えません。おそらく自分ではおおらかな人だと思い込んでいるでしょう。

これまでのところで、何かを拒絶しても（そして抑圧しても）、それが存在しなくなるわけではないとわかったはずです。それは単に、私たちの意識から消えていただけです。抑圧された記憶を認識した時、子どもの頃に感じたのと同じ恐怖感が頭をもたげてくるので、あなたが死にそうだと感じるのも無理はありません。全面的な自己認識へと到達するのが、非常に難しいのは当然なのです。

社会化を経てきたすべての人たち（すなわち、私たち全員）が、自分自身を小さく分裂させるというこのプロセスを経験してきました。私たちは、自分のものとして認めた部分と、自分が拒絶したそれ以外の部分を持って大人になるのです。この自己拒絶こそ自己嫌悪の始まりです。私たちが感じている空虚感は、自分自身の拒絶された（そして抑圧された）部分が原因で生まれるものなのです。あなたの魂は、ただ一つのことを望んでいます。それは、あなたが統合し、再び全体性を取り戻すことです。

あなたは人生を送りながら、全体性を取り戻すあらゆるチャンスを提供されます。けれど、その完全な状態へ戻るためには、これまであなたが拒絶し、抑圧してきた自分自身の側面に目を向けて、それを受け入れる必要があるでしょう。これがものすごくつらいものだということは、私自身の経験から十分わかっています。自分を知るということは、痛みを避けようとしている人が自然に到達できるものではありません。なぜなら、失った部分に気づくには、自分の中にある空虚感から逃れようとするのをやめなければならないからです。その空虚感の中にこそ、失われた部分が存在しているのです。

引き寄せと投影

何年間も自分を拒絶し続けたら、いったい何が起こると思いますか？　どんな性質を拒絶（そして、抑圧）したのであろうと、おそらくそれを補おうとして、それとは正反対の行動を大げさにするようになるでしょう。たとえば、努力家である自分の側面を抑圧した人は、無気力な人になります。逆に、無気力な側面を抑圧した人は、あらゆる面で勝とうとするものすごい努力家になります。そして、私たちの極端な行動のすべてに、引き寄せの法則が当てはまります。私たちは、自分が抑圧した側面を映し出している人たちに引き寄せられます。自分とは正反対に思える人に惹きつけられた場合も、自分自身の拒絶した部分がその相手の深いところに隠されているからなのです。

パートナー（あるいは、とても身近な人）が自分の合わせ鏡のようになっていることが多いのは、そのような理由からです。パートナーは、私たちが抑圧した性質を映し出しており、私たちは彼らが抑圧した側面を映し出しているのです。結果として、無気力な人は野心的な人と一緒になるということです。そして、お互いが、自分自身の拒絶した側面を思い出させるので、両者とも相手から苦痛を与えられることになります。

引き寄せの法則との関係で、喪失した自己についてもっとよく理解するために、次ページの二つの図形を見てみてください。円の中の白い部分は顕在意識を、黒い部分は潜在意識をあらわしています。もしAさんとBさんの円が完全に白であれば、彼らは顕在意識の部分だけを持ってい

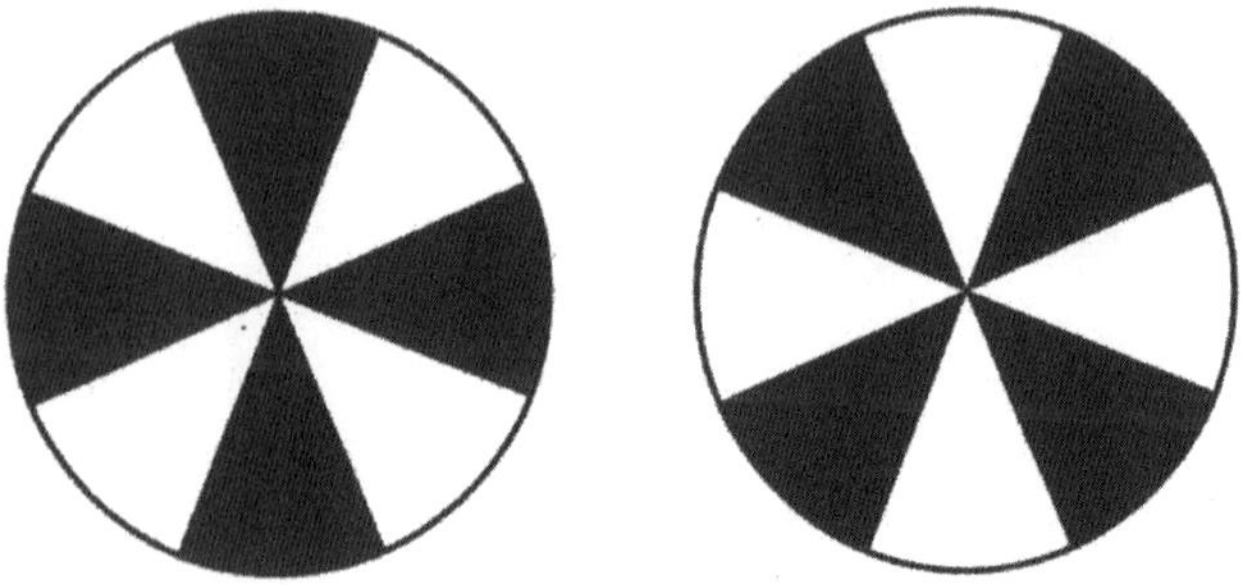

ます。でも、実際には、どちらの円にも潜在意識をあらわす黒い部分がたくさんあります。それは、拒絶され、抑圧された側面です。当然ながら、私たちは誰でも、欠けた部分のない完全な自分になろうとします。そのため、自分の中に潜在している部分を顕在化している人に引き寄せられるのです。

二つの円の中で、白い部分と黒い部分がどのようにわかれているかに注目してください。二つの円が一つになると、完全なもの、つまり白い円ができます。お互いの黒い部分を白い部分で置き換えることによって、全体が白い円になります。これは、それぞれが、自分の中で欠けているものを、相手に反映しているということを意味します。

理解すべきポイントは、自分の中にありながらまったく気づいていないものが、他人の中にある場合には、はっきり見えるということです。これが投影の本質です。自分自身のネガティブな側面（自分が過去に拒絶したもの）が他人の中に見えた時、それはトリガーとなって一つの反応を引き起こします。その側面に対して、ずっと前に自分がした反応とまったく同じ反応をここで再びしてしまうのです。それを拒絶し、嫌い、追い払うというように、それを避けるためには何でもするでしょう。

反対に、自分のポジティブな側面（自分が過去に拒絶したものですが）が他人の中に見えた時、自分が全体性を取り戻すチャンスに思えて、その相手と恋に落ちるでしょう。私たちはその側面をもっとたくさんほしいと思い、それに夢中になります。そして、その相手を賛美し、崇拝さえするようになるでしょう。人気歌手のコンサートで少女たちが叫び声を上げているのは、このような状況です。少女たちは、自分自身の中で拒絶したポジティブな側面（たいていは、自分は重要であるという感覚）をステージ上の人物に投影しているだけです。

要するに、自分自身の拒絶した側面の特徴は、あなたにはまったく見えませんが、他人の中にあるものははっきりと見えるということです。これが、自分自身のある側面を抑圧した場合に、起こることなのです。投影は、あなたを悪くするものではなく、むしろ正常にしてくれます。

ここで、大切な教訓を一つ紹介しましょう。他人の性質に対して強烈な嫌悪感を抱いたなら、それは自分自身の中に同じ性質があるか、あるいは、その性質が潜在しているということです。他人の何かを嫌っていればいるほど、かなり前に自分の中にあった同じものをひどく拒絶したことになります。そして、他人の中に見た何かを愛していればいるほど、自分の中にあった同じものを過去に拒絶したということです。

投影の問題を明らかにする

私たちの文化には、投影についての共通した誤解が存在するので、それを説明しておきたいと思います。自分が拒絶した側面を、その同じ性質を持たない相手に投影すると考えている人が多いようですが、そうではありません。投影は、常に双方向で働きます。

たいていの場合、私たちが誰かに投影するものは、すでに相手が持っている性質です。自分がそれと同じ性質を表面に出しているかどうかにかかわらず、私たちはその性質を認識します。なぜなら、それを見た時、自分の同じ側面を拒絶した際に残された傷が疼き出すからです。また、誰かが私たちに何かを投影している時、私たちは、その経験と波動的に一致していなければなりません。言い換えるなら、誰かから投影される経験は、自分自身の中で拒絶されたものを反映しているのです。

投影は、いつの世でももっともよく使われる〝何かから目をそらすための方法〟です。多くの人は、それを責任回避の手段として用いており、自分自身を客観的に見ないようにする都合のいい方法だと考えています。もし誰かが、あなたの中にネガティブな側面を見て、近づいてきたなら、「あなたは投影しています」と言ってみてください。

ただし、自分自身についてよく知るまでは、他人のことをはっきり見ることはできないというのが真実です。それまであなたは、自分の潜在意識のフィルターを通してあらゆる人を見続けるでしょう。自分自身を見ることを拒絶するたびに、そして、「あなたは投影しています」と言い、その事実を隠そうとするたびに、私たちは自分自身をはっきりと見るチャンスを逃します。さらに、世の中やお互いのことを明確に見るチャンスも逃しているのです。

すべての人が投影しています。ですから、私たちの目標は、投影をやめることではなく、できるだけ自分自身に気づくことです。他人への極端にネガティブな反応や極端にポジティブな反応に対して、もっと自己認識するための最適なチャンスだと考えたほうがよいでしょう。

さらに、他人を非難したり、他人の側面を拒絶したりし続けるのは健全なことではありません。他人の何かを拒絶すればするほど、自分自身の傷がもっと悪化していくだけです。他人の何かを拒絶することで、私たちは自分の内側で再びそれを拒絶しているのです。自分自身の隠れた側面に何度も何度も傷つけられるのではなく、むしろそれとまっすぐに向き合い、解決したほうがよいのは、このような理由からです。

もし自分のある部分を拒絶し続けるなら（そして、抑圧し続けるなら）、私たちは本当の自分ではなくなります。私たちは、本当の自分だと思っている仮面を被った存在になってしまいますが、その状態は苦痛を伴います。最終的には、私が〝ブレイクスルーの症状〟と呼ぶものを経験するでしょう。これは重要な概念で、私は次のように説明しています。「あなたが外側の世界で見せている仮面は、細長いセロファン紙のようなものです。自分の抑圧された側面からのプレッシャーが強烈になると、それはあなたの仮面を内側から押し上げて、切り裂いたり、破ったりするでしょう。この時点で、私たちはブレイクスルーしたと言います」

あなたの中の抑圧された側面は、目につく場所ではなく、隠れて存在しています。しかし、プレッシャーによってブレイクスルーが起こると、それは身体的な症状として目に見えるようになります。たとえば、怒りの感情を抑圧している人がいて、いつもしっかりそれを隠しているとしましょう。しかし、一定以上のプレッシャーが与えられると、その怒りの感情がふつふつと表面に出てきて、皮膚の発疹としてあらわれます。この発疹は、ブレイクスルーの症状の一つです。それは、実際には、目に見えるすべての症状が、もっと深刻な問題をあらわすサインなのです。それは、私たちがどこに意識を向けるべきかを警告してくれていると考えてください。

私たちに解離を引き起こさせ、分裂させたもともとの脅威はもう存在していませんが、ブレイクスルーの症状が私たちを悩ませ始めます。その時、統合を求めている自分の魂の叫び声が聞こえるでしょう。あなたはそれほど強く、もう一度もとの完全な自分になりたいと望んでいるのです。地球上のどんな生命体にも、健康になろうとする傾向があります。あなたが手の傷を治すために、傷口を治そうと考える必要がないのはそのためです。身体にとって、健康あるいは全体であることが自然な状態なのです。ですから、あなたという存在は自然に自らを癒やし始めます。

同じように、あなたという存在は、自分自身の失われた側面を再び取り戻そうとします。あなたは再び全体性を取り戻すために、自分自身の中で分裂したものを浮き彫りにする人や状況に出会い続けるでしょう。

最初のステップは、どのようにして自分の失われた側面と調和し、再び取り戻せるかを見つけ出すことです。

第2章

埋もれているものを掘り起こす

「最適な健康状態に到達するには、身体と精神と魂の問題に取り組まなければならない」というような話を聞いたことがあるはずです。これら三つの要素が、申し分のない人生の根幹であると、長い間考えられてきました。でも、それが正解ではないとしたらどうなるでしょうか？

魂のことを考える時、私たちは空気のように触れることのできないエネルギーを想像します。フィーリングや感情も手に触れることはできず、よく理解できないので、自分の感情を〝魂〟と呼ぶこともあります。自分の魂を元気づけ、癒やしを与えるやり方についてのアドバイスが、たいていよい気分にさせてくれるのはそのためです。

感情という目覚まし時計

もう一つの見方を紹介しましょう。実のところ、私たちの魂は、本質的に健やかであり、不健全な状態にはなり得ません。私が魂について話す時、魂とは非物質的な永遠の本質を意味しています。あなたの魂はエネルギーです。それはフィーリングを創造し、マインドと身体も創造します。人間の三つの要素すべてが、実は魂から構成されているのです。身体は、あなたの魂を物質的にあらわしたものです。マインドは、あなたの魂を精神的にあらわしたものです。フィーリングは、魂がどのように知覚し、対話しているかということです。

この前提に従えば、健康の三本柱は、身体、マインド、感情となり、感情とは魂の言語ということになります。もしそのような見方を選択するなら、〝魂の健康〟の鍵は、〝感情面での健康〟ということになるでしょう。

魂という言葉を使う時、私たちは人間という存在の中核となる側面に言及しています。英語では、魂とハートは置き換えられる単語です。自分という存在の中心から話している人が、「私は（　　　）だということをハートで知っている」と言うのは、そのような理由からです。これは、人生における私たちの経験で重要なのは、精神的あるいは身体的なものではなく、フィーリングや感情だと深いところで知っているという意味です。

赤ん坊や子どもたちが、いろいろなものを触って感じながら世の中を経験していることを考えれば、これは納得のいくことでしょう。フィーリングと感情は、地球上での生活で大切なだけでなく、私たちの人間関係の中核となるものでもあります。さらに、それは、もっとも傷つきやすいものです。

感情を重視した子育て

社会がどれほど進歩したかとは関係なく、私たちの子育てのゴールは今でも、健全な大人になるように育てるのではなく、素直で言うことを聞く子どもにすることです。つまり、〝よい〟子どもを育てることがゴールになっているのです。現在の司法制度は、犯罪行為に対してまったく同じアプローチをとっています。私たちは、目に見える犯罪行為を矯正し、よき市民を作ることに関心があり、そのような犯罪へと駆り立てたフィーリングには無関心なのです。

ここで肝心なのは、よい子育てには感情が含まれ、よい人間関係にも、感情が含まれるということです。これを理解していないために、今日のほとんどの親は、一つあるいはそれ以上の重大な過ちを犯してしまうのです。過ちの一つ目は、子どもの感情をよいものと思わないことです。二つ目は、子どもの感情をはねつけることです。三つ目は、子どもに対して有用な助言を与えないことです。

たとえば、小さなジョーイは学校へ行きたくないので、両親が学校の前で車から降ろそうした時、泣き出してしまったとします。これをよいと思わない親は、ジョーイが言うことを聞かないので叱りつけたり、だだっ子呼ばわりしたり、黙らせたり、体罰を与えたりするでしょう。

子どもの感情をはねつける両親は、「おバカさんね。学校に行くのが悲しいなんて。さあ、笑顔を見せてちょうだい」と言って、ジョーイの感情を無視します。このような両親は、クッキーをあげたり、学校へ行く途中で野原にいる馬を指差したりして、ジョーイが自分の感情から注意をそらすようにします。

共感的な親もいますが、役に立つ助言は与えないかもしれません。悲しみや恐怖を感じてもかまわないとジョーイに言いますが、その不快な感情にどう対処すればいいのか助けようとはしないのです。おそらくこの親は、ジョーイの感情がものすごく強烈なので、それに対処する力は自分にないという思い込みを植えつけてしまうでしょう。

感情面で不健全な環境に育った子どもたちは、自分の気持ちを落ち着かせることができません。多くの場合、彼らは家族の誰とも感情的なつながりを持てなくなります。もし家族の中で親密さを感じられなければ、ものすごい孤立感を抱き、それが健康上の問題をもたらすかもしれません。

このような子どもたちは、自分の感情に対処することができず、大人になって人間関係を築く時、さんざん苦労するでしょう。彼らは無力感にとらわれた共依存的な関係を持つようになります。そして、他人をひどく必要としながらも、親密になることへの強い恐れで苦しむのです。

大人の反社会的な行動や精神異常行動における最大の原因は、子ども時代に、感情的に不健全な環境で育ったことだというのが私の意見です。明らかな虐待よりも、感情面で機能不全な環境を認識するほうがずっと難しいということを覚えていてください。〝健全な家庭〟で育ったと報道されている連続殺人犯や学校銃撃犯の多くは、実のところ、まったく健全な家庭で育ってはいないのです。彼らは、食べ物や洋服のような物質面では健全な家庭に育ちました。でも、素晴らしい外見の下には、非常に有害である感情面での機能不全が存在し、そのせいで他人とつながることができなくなったのです。

感情をはねつけたり、非難したりすることは、感情的な虐待に他なりません。親が子どもの感情を認めなかったり、無視したりすると、子どもはその出来事に対する親の見方を受け入れ、自分自身の判断を疑い始めます。その結果、子どもは自信を失います。感情面での機能不全が関係性を支配していると、子どもは自分の感じ方がよくないということを学びます。

そして、問題の核心は、もし自分のありのままの感じ方が間違っていて、それでもそう感じてしまうなら、自分にはまずいところがあるに違いないと思い込んでしまうということです。

長期的なダメージ

傷つけているのは、不快なフィーリングそのものではありません。苦痛を与えているのは、不快なフィーリングに対する私たちの抵抗です。精神科医のオフィスは、感情面で機能不全な家庭に育った人たちであふれかえっています。このような人たちは、ありのままに感じることを許されず、自分にはどこかおかしいところがあると信じて育ちました。しかし実際には、誰でも自分が感じるままに感じるべきなのです。そうしてよい、完璧で正しい理由があります。「自分の何かがおかしい」という考えは誤ったものであり、それは、自分の感情を繰り返し否定された結果として生まれた副産物にすぎません。

自分の感情を絶えず否定されたことが、不安を生み出す主たる原因です。不安障害は、多くの場合、極端な自己疑念や自己不信の結果なのです。さらに、自己不信、つまり、自分自身を恐れている状態は、あなたが感じるままに感じてはいけないと信じるようになった結果です。自分のことを恐れている時、あなたは常に不安を感じるでしょう。それは自分の内側にいる敵と一緒に生きているようなものだからです。

私の推測ですが、将来、精神医学と心理学はもっと発展するでしょう。症状を生み出していると思われている精神疾患の多くが、症状そのものだと考えられるようになるのです。今日の精神疾患は、子ども時代に経験したことへの適応だったと理解されるようになるでしょう。

要するに、自分の感情への対処法を両親が教えてくれなかった場合、将来的につらい友人関係や満たされない恋愛関係になるということです。なぜなら、感情的に他人と関わるやり方を知らないからです。私たちは、真の親密さを築くことができず、お互いの感情を見過ごしてしまいます。自分にとって、それが子ども時代からのやり方だったからです。お互いのフィーリングを認めず、どう感じるべきだとか、どう感じるべきではないと相手に言ったりするはずです。感情やフィーリングは弱さだと考えているので、他人の感情的ニーズに対して我慢できません。自分の感情を表に出す人たちを、〝感受性が強すぎる人〟と呼ぶでしょう。こうして、大人になってからの人間関係が感情的に不健全なものになるのです。

子ども時代、感情を無視されたことに影響を受け、感情面での機能不全が見られる人間関係にはさまざまなケースがあります。たとえば、友人とランチに行った女性のことを考えてみましょう。彼女は、仕事で自分が考えていたような昇進が叶わず、とてもがっかりしています。そんな時、友人から否定的に受け止めているだけだと言われました。否定的な見方をしていればますます落胆するので、もっと楽観的に考えたほうがいいと友人は言ったのです。

では、仕事から夜遅く帰宅して、家に入るやいなや妻が泣いているのを目にした夫の場合はどうでしょうか。彼はすぐに、「大げさすぎるよ。30分遅れただけだろう。更年期障害じゃないのかい？　医者に行ったほうがいいよ」と言いました。そして、彼はテレビを見るために自分の部屋にこもってしまいました。

次に、離婚に直面している男性のことを考えましょう。彼が友人たちに自分の状況を説明すると、一緒に食事でもしようと誘ってくれました。出かけることにしましたが、誰一人として、彼がつらい時期を過ごしていることを理解してくれません。むしろ、そんなことは考えずに、もっと飲んで、スポーツ観戦をしたり、バーにいる可愛い女の子をからかったりして楽しもうと言われたのです。

感情と親密さ

それが友情であるか、恋愛関係であるかに関係なく、感情やフィーリングは、健全で有意義な人間関係の中核になるものです。感情的に健全な生活をしていなければ、よい人間関係は築けません。つまり、それは親密さもつながりも存在しない単なる社会的な取り決めのようなものになるだけです。

重要なのは、親密さがセックスを意味するものではないと理解することです。セックスは親密さがもたらす副産物で、親密さそのものではありません。親密さとは、人生のあらゆる側面で、自分が本当はどんな人かを知り、それを他人にも知ってもらうことです。それは、あなたの真実を差し出して受け止めてもらい、同時に他人からもその人の真実を差し出してもらい、それを受け止めてあげるということです。親密さとは、ハートの中心で出会うということであり、そこに共感と理解が生まれます。

すでにお話ししましたが、ここでもう一度言いたいと思います。親密さ（intimacy）という言葉は、（into me see）という三つの単語に分解されます。親密さとは、深くつながるためにお互いについて深い洞察を得ることを意味します。もしあなたという存在の中核をなすものがフィーリングであり、魂の言語がフィーリングであるとするなら、親密さのもっとも重要な部分は、感情的なつながりであり、お互いのフィーリングについての理解になるでしょう。

つまり、ポイントは、〝感情が重要である〟ということです。私たちは、お互いのフィーリングに重要性と価値があることを理解し、お互いの感情に敬意を示さなければなりません。言葉の背後にあるフィーリングに耳を傾け、自分を理解してもらうこと、そして他人を理解することに心を開かなければなりません。さらには、このような理解が、助言や忠告をすることよりも先に必要なのです。もし誰かに対して、どう感じるべきだとか、どう感じるべきでないと言うなら、あなたは相手に自己不信になるよう教えているということです。なぜなら、相手にどこか悪いところがあると伝えているからです。

自分自身との関係を改善する方法

　ここでは、感情面の健康についてもっとも重要なことをお話しします。あなたは自分自身との関係性の中にいますが、それはつまり、自分自身の感情があなたにとって重要なものであるということです。ですから、自分の感情を認めて受け入れ、子どもの時に教えられたように、感情を無視したり、批判したりしないということがとても重要です。

　そのために、これから述べる六つのステップに従い、それを自分自身との関係性に適用してください。この方法は、ネガティブな感情や心の葛藤が起こった時、それに対処する助けとなるでしょう。

1　自分の感情に気づいてください。その感情があなたの身体の中でどのようにあらわれていて、どのような感覚を伴っているかに注意を払いましょう。

2　自分の感情を大切にしましょう。それは現実に存在する重要なものだと考えてください。私たちは、自分の感情を抽象的で厄介なものとして取り扱いがちです。感情のワークをするには、感情が存在する正当な理由を理解しなければなりません。感情は、私たちを邪魔するのではなく、私たちの役に立つために存在しているのです。

3　自分の感情に対して、共感を持って耳を傾け、なぜそのように感じているかを理解するようにしましょう。自分は安全だと感じ、自己批判を恐れずに、自分の弱さをさらけ出しましょう。自分の感情とフィーリングを本当に理解しようとしてください。

4　自分のフィーリングを受け入れて、その価値を認めましょう。一つひとつの感情にラベルを貼るのが役立つと感じたら、そうしてください。あなたが感じていることにはしっかりした根拠があるので「私は無能だ」のような自己批判するセリフは避けましょう。「私は起こった出来事がいかにして自分を無能に感じさせているか十分にわかっています。だから、そのように感じても大丈夫です」と言って、自分自身を認めてください。

5　いかなる種類の改善にも、まず必要なのは自分が感じるままに感じ、自分の感情を十分に経験することです。自分の感じ方を改善する準備ができたら、自分に対してそう言ってください。ただし、自分に期限を課すことはしないように。あなたが新しい感情へとシフトする準備ができるまで、何の条件も与えず、ありのままの自分とともにいて、自分自身に対して無条件の愛を抱き続ける練習をしましょう。

6 自分の感情の価値を認め、それを受け入れ、十分に感じることができたら（そのあとでのみ）、自分の反応をきちんと管理する方法について戦略を練ってください。自分の感じ方をよりよくするために、状況に対する新しい見方を考えましょう。自分に対して、最善のアドバイスを与えてください。まだ感情を変える時でないようなら、無理する必要はありません。その時がきたら、自然に感情の変化が起こるでしょう。

他人のネガティブな感情への対処法

他人のネガティブな感情にどう対処しているかによって、あなたの人間関係がどれくらい健全あるいは不健全であるかがわかります。「完了プロセス」を始める前に、人間関係で起こるネガティブな感情に対処する正しいやり方を学ばなければなりません。相手と感情的なつながりを築いて、親密さを高めるために、すでにお話しした六つのステップを使うことができます。これは大人だけでなく、子どもにも役に立つでしょう。これらのステップは、人間関係でネガティブなフィードバックを受け取った時だけでなく、さまざまな葛藤に直面した時にも役立ちます。

次のステップを習得しましょう。

1　他人の感情に気づき、彼らのボディランゲージがどのように変わるかを見ていてください。私たちは、自分自身の小さな世界の中で生きる傾向があります。ですから、周囲の人にもっと波長を合わせる必要があるのです。そうすれば、他人が感情的な反応をした時、それに対して共感できるようになるでしょう。

2　自分の感情に対するのと同じように、他人の感情も大切にして、それには根拠があり、重要なものだと考えてください。

3　他人の感じ方を理解するために、他人の感情に対して共感的に耳を傾けましょう。そうすれば、その人は批判されるのを恐れず、本当の自分を晒しても大丈夫だと感じることができます。同意するのではなく、理解するようにしてください。

4　他人のフィーリングを受け入れて、その存在価値を認めてください。彼らが自分の感情に名前をつけられるように助けましょう。ただし、彼らが自分自身の感情について考えていることが正しいと認める必要はありません。単に、ありのままに感じていいと彼らに知ってもらう必要があるだけです。たとえば、あなたの友人が、「私は役立たずだ」と言った際に、「その通り。あなたは役立たずです」と返せば、彼らの価値を認めていないことになります。それよりむしろ、「私は世の中がいかにして、あなたに役立たずだと感じさせているかはっきりとわかります。もし私があなたでも、同じように感じるでしょう」と言えば、彼らの価値を認めることができます。

5　フィーリングの改善のためには、まずその人にありのままに感じてもらい、自分の感情を十分に経験してもらいましょう。前に進む準備ができたかどうかは、その人自身に決めてもらわなければなりません。いつまでに準備すべきだとか、いつまでに異なる感じ方をすべきだというあなたの考えを押しつけないでください。これは、私たちが何の条件もなしにただ寄り添い、無条件の愛を実践するというステップです。私たちは、彼らを〝修正〟するためではなく、サポートするためにそこにいるのです。ここで、彼らがあなたのサポートを受け取らないとしても、決して怒らないでください。提供すること自体に愛情深いパワーが存在するのです。提供を申し出ることによって、あなたは愛そのものを差し出しています。それに対して、相手がどう対応するかは関係ありません。

6　彼らのフィーリングが認められ、受け入れられ、十分に感じられたあとで（そのあとでのみ）、彼らが自分自身の感情に対処する方法を見つけられるようサポートしましょう。これは、彼らがよりよい感じ方ができるように、状況に対する新しい見方を提案するステップです。この時に、助言や忠告を提供してください。

ドラマとはどのようなものか？

ドラマとはもともと、〝演じること〟を意味します。これが、舞台芸術や演劇の世界に、この言葉が登場する理由です。ドラマは人間の感情的な経験と関係するので、激しい葛藤を含む状態や状況、あるいは、そのような出来事のことです。これら二つを合わせたものが、ドラマチックな（大げさな）人の定義になります。つまり、強烈な葛藤の中にいるかのように演じている人ということになるでしょう。

ドラマチックな人、あるいはドラマクイーン、ドラマキングと呼ばれる人は、舞台上の役者と同じように、注目を得ようとして大げさに演技しているということです。私がどんな人のことを言っているかおわかりになるでしょう。つまり、実際よりも物事がはるかに悪いかのように振る舞っている人です。そのせいで、ドラマという言葉にはある種の烙印が押されています。たとえば、「もうドラマは終わりにしよう」とか「彼はドラマ中毒だ」とか「彼女はドラマのヒロインみたいだ」のように言われるようになってしまいました。

でも、私はこのような烙印に賛成していません。ですから、今ここで、この考え方が間違いであることを説明したいと思います。つまり、「ドラマという言葉が人間の感情的な経験に使われる時、決して大げさということはない」ということです。誰かがドラマを作っているとか、ドラマのように振る舞っていると判断をする時、あなたは彼らのフィーリングを過小評価したり、それが恥ずかしいものだと感じさせようとしています。でも、これらのフィーリングは、決して偽りのものではないと、私は約束します。

実のところ、過剰に反応している人など誰もいません。人は、自分自身が認識した現実に対して、正確に反応しています。けれど、私たち一人ひとりの認識や現実は同じではないことにも気づくべきなのです。たとえば、あなたは結婚指輪をつけるのを忘れがちだとしましょう。ある日、シャワーを浴びた時、洗面台の横のカウンターに指輪を置いたままにしてしまいました。あなたのパートナーはそれにひどく腹を立て、20分間もあなたを説教し続けたのです。

あなたは、パートナーを見て、「この人はなんて大げさなのだろう」と思ったかもしれません。結局のところ、あなたはパートナーをまだ愛していて、それはたかが指輪にすぎないと思っています。あなたがしたことは、単にその指輪をつけるのを忘れただけなのです。あなたの愛する人は、注意を向けてほしくて感情をあらわにしているか、大げさに振舞っているかのどちらかだというのが、あなたの見方です。

では、次に、パートナー側の見方を考えてみましょう。もしパートナーが、目に見える愛情の象徴として、結婚指輪にものすごく執着していたとしたらどうなるでしょうか？　あなたが結婚指輪を忘れたら、パートナーにとっての現実は、「私のことをもう愛していない」というものになります。そして、この考えはネガティブな思い出によって、さらにこじれます。あなたのパートナーには一度離婚経験がありました。かつて、仕事から戻ると、家は空っぽだったのです。すべて終わったというシンボルとして、台所のカウンターの上に結婚指輪が残されていました。このような理由から、あなたのパートナーは、カウンターにあった結婚指輪と自分が見捨てられたことを関係づけたのです。

あなたは今、パートナーが自分に対してドラマのような大げさな態度をとる唯一の理由は、この瞬間、あなたが異なる現実を生きていることを理解していなかったからだとわかったでしょう。あなたは、シャワーを浴びたので、指輪をつけ忘れたという現実を生きています。一方、パートナーは、あなたが自分のことをもう愛しておらず、自分のもとを去ってしまうという現実を生きているのです。だとしたら、パートナーの反応は大げさすぎると思いますか？ 決してそうは思わないはずです。それは、完璧に必要な行為だったとわかるでしょう。あなたも自分が愛されておらず、パートナーに見捨てられると思ったら、まったく同じ反応をしたかもしれません。

誰の見方が真実か？

誰かが大げさに振る舞っていると思った時、私たちはその相手に対して、「理性的になりなさい」とか、「現実を見なさい」などと言いがちです。けれど、「理性的になりなさい」とか「現実を見なさい」と言うことは、相手の見方を自分の見方に合わせさせようとしているだけなのです。あなたの見方を相手に示すことで、相手の気分がよくなることもあるかもしれませんが、それは現実に対するあなたの見方や理解が正しいという意味ではありません。見解というのは、あくまでも主観的なものなのです。

もし誰かが、あなたの考えよりも状況が悪いように振る舞っているとしたら、おそらく、その状況はあなたが想像しているよりも悪いという意味です。別の言い方をすれば、彼らがその状況に与えた意味は、あなたがその状況に与えた意味よりも大きな痛みを伴うものだということです。

　ここまでのところで、私たちは、自分が認識した現実に完璧に沿った行動をしているとわかったはずです。つまり、私たちはみんな、自分自身の真実に基づいて行動しているのです。このことを理解して受け入れたら、これまでほどの抵抗は感じないでしょう。他人のフィーリングを過小評価したり、価値がないものとしたり、あるいは、彼らの感情を恥ずかしいものだと感じるのをやめられるかもしれません。他人が過剰反応しているとは思わなくなり、彼らの振る舞いを個人的なものとして受け取ることもなくなるでしょう。

「私の人生にもうドラマはいらない」と言う人たちは、大げさな反応をする人にはうんざりだという意味か、人間関係での衝突はもう嫌だということを意味しています。けれど、ドラマというのは、あなたの周囲の人たちとは関係ありません。むしろ、それはあなた自身と関係したことなのです。もし私が他人との葛藤を経験したら、私は内側に葛藤を抱えているということです。私は自分自身と闘っているのです。これは誰にでも当てはまります。もしあなたがドラマに囲まれているなら、容易に自分の人生から取り去ることはできないでしょう。なぜなら、実は、それを引き寄せているのはあなた自身だからです。

　では、自分の人生から、大げさな振る舞いをする人を追い出したとしたら、何が起こるでしょうか？　同じように大げさな振る舞いをする別の人があなたのところへやってきて、いなくなった人の代わりをするだけです。あなたが、なぜ自分の人生に衝突を引き寄せているのかを理解するまで、同じことが繰り返し起こるでしょう。あなたは自分自身の抑圧された側面、つまりあなたが避けようとしている側面を引き寄せることで、ドラマのサイクルを生み出しているのです。

もしあなたがドラマを嫌いだとしたら、あなたも、他人のフィーリングを大げさだと言って否定しているかもしれません。そうする理由は、あなたがこれまでの人生で自分のフィーリングを否定することを学んだからです。あなたは同じことを周囲にいる人たちにも期待しています。たとえ自分が感じたように感じないことを望んでいるとしても、自分の感じたことをそのまま認める時であり、それを恥ずかしいと思うのはやめるべきなのです。

ドラマに対して抵抗を感じたら、自分自身を含めて、過剰な反応をしている人は誰もいないということを思い出してください。あなたはいつも自分が認識した現実に沿った行動をしています。覚えていないかもしれませんが、以前の経験の結果として、特定の現実を認識しているだけなのです。

そうだとしたら、「自分が覚えていないことに、どう対処できるのだろうか？」と思うかもしれません。どのように潜在的な記憶やトリガーがあなたの人生の邪魔をするのか、それに対してどうすればよいのか、ということについては、次の章で詳しく説明したいと思います。特に、私が個人的に強力だと思う二つの概念、つまり、インナーチャイルドと人間の影の部分についてお話しします。

第3章

潜在意識を意識化する

よく知られていることですが、潜在意識のプログラムは、妊娠中から8歳までの時期に構築されます。私たちの人生を形成するこのようなプログラムは、子ども時代に愛着を抱いた人物、すなわち、両親や兄弟や教師などと交流したり、コミュニティや文化などを観察したりした結果によるものです。残念なことに、8歳までの時期に得た自分についての認識の多くが、自分を制限し、自分をダメにするような思い込みになってしまいます。でも、この時期に抱いた私たちの感情は、それよりもはるかに大きな影響を与えているのです。

幼少期の感情が、いかに私たちを過去に縛りつけているか？

まだ幼く、マインドが十分に発達していない時、私たちは世の中について考えるよりも、世の中のことを感じながら生きていました。私たちは、この世を目にする前から、それを感じていました。自分がこの世に生きているという考えを持つ以前から、この世界を感じていたのです。

あなたは自分を拡大するために、この地球へやってきました。そうすることで、集合的な意識の拡大も約束されると知っていました。この人生にやってくる時、あなたは自分の両親の意識レベルを選びました。それによって彼らの意識を進化させ、さらに言えば、あなたの祖先の進化にも貢献できるからです。

私たちの大脳の認知機能は、８歳頃まで十分に発達せず、基本的に自分の家族や文化から信念や経験についての情報をダウンロードします。この期間、私たちは、主として状況の変化に対して受動的な反応をしています。つまり、自分がつらい感情を抱いても、それから抜け出る方法を考えることができないという意味です。そして、自分のトラウマが未解決のままであれば、それは大人になっても傷として残るでしょう。

自分自身の投影

大脳の認知機能が発達すると、自分にとって意味が通じるように、何でも合理的に考えるようになります。あなたが4歳の時に父親が出ていった理由を合理的に説明できるようになれば、それについてひどく悲しいとは感じないでしょう。ですから、もしその感情から抜け出るように考える能力があるとしたら、問題を解決するために親や兄弟や先生たちから情報をダウンロードする必要はないということです。

でも、8歳くらいの年齢で合理的に説明できるようになるという事実には、重要な意味合いが含まれます。それは、つまり、私たちは8歳を過ぎると、新しい感情的トラウマを経験しないということです。これは、あなたにとってまったく理解できないことかもしれません。おそらく、あなたは、10代か20代のころ初恋に破れて、悲しみにくれたことがあったでしょう。あるいは、40歳の時に、夫を亡くすというものすごい苦しみを味わったかもしれません。

私は、あなたが8歳以降に感じた苦しみは本物ではなく、それはトラウマでもないと言っているのではありません。そうではなく、夫を亡くすことで経験したトラウマは、実のところ、それ以前のあなたの傷を映し出したものだと言っているのです。ですから、現在、夫を亡くした女性が感じている深い悲しみについて調べていくうちに、彼女が4歳の時、父親が家族を捨てて出ていったということを発見するかもしれません。

そして、夫を亡くしたことによる感情は、実のところ、子ども時代に父親を失った時の感情を投影したものだとわかるでしょう。父親の喪失は、まだ癒やされていない傷として残っており、それが夫の喪失という形で再びあらわれたのです。彼女は、この癒やされていない古い傷を統合したいと望んでいたのです。「完了プロセス」を始める時、「押されて痛みを感じたら、それは、すでに傷があるからだ」というマントラが重要なのは、このような理由からです。これは、大人になったら、トラウマに苦しむことはないという意味ではありません。単に、大人になって経験するトラウマは、多くの場合、より深い原因とつながっているということです。

「完了プロセス」は、トラウマが何歳の時に起きたのであろうと、それを解決するのに役立つでしょう。たとえば、退役軍人が、戦争から戻ったあとで経験しているＰＴＳＤにも役立ちます。でも、現在のトラウマに取り組んでいる際に、よく目にするのは、本当のトラウマがもっと深いところに存在しているということなのです。

自分の苦しみの原因であると思っていたトラウマが、実は幼い頃のトラウマを投影したものにすぎなかったというのはよくあることです。たとえば、兵士が戦火の中で感じた無力さは、子ども時代、彼の両親が離婚しようとしていた時に感じた無力さを映し出したものかもしれません。もしこの考えを受け入れるのが難しければ、しばらくの間、その是非を判断するのはやめて、ただ「完了プロセス」を試してみてください。

このプロセスを始めたら、現在あなたが感じている不快な感情は、あなたを過去のトラウマ的な記憶と結びつけるロープだと考えてほしいのです。今日の生活で、何かに対して強烈な感情的反応が起きたなら、その強烈な反応は、あなたの過去のトラウマが表面化し、統合されることを望んでいるという意味です。そうしたら、それが自分の性格的特徴であろうと、信念や記憶、あるいはフィーリングであろうと、自分自身の拒絶された（それゆえに抑圧された）側面を見つけるために、リアルタイムに出てきたその感情を利用できるでしょう。それを見つけ、それを感じることによって、あなたはそれを自分の現在の意識に統合し、もともとの完全な自分になれるのです。これが、「完了プロセス」の根拠となる考え方です。

インナーチャイルドのワーク

私たちは大人になると、子ども時代は終わってしまったと思いますが、実はそうではありません。子どもの自分は、私たちの中に生き続けているのです。その子どもの知覚や信念が、現在の私たちの考え方や感じ方、行動の仕方に影響を与えています。子ども時代に、非常につらい出来事を経験すると、それを理解したり、癒やしたりするための知識がないので、私たちはその苦しみの中で立ち往生してしまいます。その時点で全体である私たちは前へ進めなくなるのです。このようにして、昔の思考やフィーリング、その経験が私たちという存在の中で凍結されてしまいます。多くの人は、その苦しみを無視することで、毎日なんとか生き延び、自分の役割を果たしているのです。

時には、そのフィーリングがつらすぎて、生き延びるためにその痛みを経験した自分の部分を拒絶してしまうかもしれません。その場合、子どもである私たちは、内なる自分を葬り去ってしまうのです。それは、確かに、その時には役に立つ対処メカニズムです。けれど、苦しみを抑圧することは、最終的に大きなダメージを自分自身に与えかねません。その苦しみは、自分から勇気を出して、凍結したままの子どもにもう一度注意を向けようとした時に、初めて癒やされ、同化されます。私たちは、その子どもが言おうとしていることに耳を傾け、その子どもが過去に愛してもらいたかったように愛してあげる必要があるのです。

子ども時代の家庭環境が愛情にあふれたものであったかどうかにかかわらず、私たち一人ひとりが、内側に、かつて自分がそうだった子どもの本質を持っています。私たちの一部は成長しますが、その他の部分は子どものままなのです。このインナーチャイルドは、私たちの感情的な自己を象徴しています。子どもとして必要としたものが得られなかったとしても、あなたは大人へと成長します。そして、癒やしのカギを握るのは、大人であるあなたの部分なのです。

誰か他の人が自分の未発達の部分を愛を込めて育ててくれるのを待っているなら、私たちは、いつまでも感情面で孤児のままでしょう。もし救出する必要のある自分の部分を誰かが救ってくれるのを待っているなら、私たちはいつまでも無力なままでしょう。そして、もしお世話を必要としている自分の部分を誰かがお世話してくれるのを待っていれば、ずっと癒やされないままでしょう。

自分自身の癒やしをうまく進めるための最善策は、あなたの中に存在する子どもの自分を意識的にお世話することです。過去に他人から受け取ることができなかったものは何でも、現在のあなたが自分自身に与える必要があるのです。インナーチャイルドのワークは、長いことセルフヘルプと心理学の基盤でした。それは人生を大きく変えることのできる技術の一つです。けれど、知らず知らずのうちに私たちは、この方法における重要な要因を見逃していました。「完了プロセス」は、インナーチャイルドのワークをもう一段階上のレベルへと高め、新しいセルフヘルプの方法としての可能性を明らかにするでしょう。

人間の影の部分について

人間の影の部分とは、一体どのようなものでしょうか？　まず基本的な説明をすることにしましょう。おそらくあなたは、自己概念であるエゴについてすでに知っているはずです。エゴとはあなたの一部で、ある種の独立したアイデンティティとして存在するものです。あなたがこの世に生まれた時、エゴはまだ十分に形成されていませんでした。でも、だんだん成長するにつれ、他者との関係性を通して、あなたのエゴが作り上げられます。ですから、エゴの大部分は、社会化のプロセスの中で発達したものです。

家族やコミュニティの中で社会に適応しながら、あなたはよいか悪いか、正しいか間違いか、好ましいか好ましくないか、という概念を学んでいきます。もっとも重要なのは、好ましい自分の側面と好ましくない自分の側面について学ぶということです。愛や報酬は、好ましいものへの反応で、見捨てられたり罰を与えられるのは、好ましくないものへの反応です。このことは、幼い子どもにもはっきりわかるでしょう。

第2章でお話ししたように、人は自然に生き残るための戦略を作り上げ、自分自身について好ましくないと思うものは拒絶し（それゆえ、抑圧し）、自分の意識の中に分離を生み出します。要するに、自分自身を分裂させてしまうのです。このようにして、潜在意識というものが生まれます。私たちは、それをはっきり見ることができず、気づいてもいないので、潜在意識のことを〝影〟と呼びます。同じような理由で、顕在意識ははっきり見え、自分が気づいているので、それを〝光〟と呼びます。「完了プロセス」は、影の部分に働きかけるワーク（シャドーワーク）です。なぜなら、それは、自覚していない自分の側面に関係するプロセスだからです。

内側に分離や分裂を抱えたまま生きることは、人間にとって自然な状態ではありません。それは実際、癒やされていない状態です。なぜなら、私たちがどんなに消えてほしいと願っても、自分の内側にある影の部分は統合されるように努めているからです。特定の状況によって、潜在意識にあるものが気づきの中へともたらされた時、私たちの影の部分が姿を見せます。たとえば、パートナーが時間通りに到着しなかった時、このことが、深く抑圧されていた〝見捨てられた〟というフィーリングの引き金となります。そのフィーリングは、自分が気づいてさえいなかったもので、それからの45分間、正気を失ったように、ものすごく大げさに見える反応をするかもしれません。でも、第2章で学んだようにそれはドラマではなく、あなたの内側にある真のフィーリングなのです。

影の部分とのワークは、無意識のものを〝意識化〟し、好ましくないものを〝好ましいもの〟にすることです。無意識なものを統合すると完全な気づきへと導かれます。それは非常にパワフルなテクニックだと私は思っています。けれど、影の探求を支持しているスピリチュアルティーチャーや心理学者、そしてライフコーチがいる一方で、このテクニックについてあまりよく思っていない人たちもいます。ですから、ここで私の考えを詳しく説明したいと思います。

影の部分とのワークは有害か？

あなたは、影の部分とのワークに反対する二つの議論を聞いたことがあるかもしれません。一つ目は、「もし自分の影の部分に集中すれば、影の部分がもっと大きくなる」というものです。二つ目は、「もし自分の影の部分を取り除くことに集中すれば、取り除くべき影が増えるだけだ」というものです。これら二つの議論は、意識や抵抗や引き寄せの法則についての不十分な理解が原因で起こっているというのが私の意見です。

もしポジティブなものへの集中がポジティブな人を作るというのが本当のことなら、常にポジティブ思考をしている人は、まったく傷のない純粋なエネルギーフィールド（オーラとも呼ばれます）を自分の周囲に持っているでしょう。けれど、これは真実ではありません。

私は超感覚をもって生まれてきたので、出会う人たちの周囲にあるエネルギーフィールドを実際に目にすることができます。実のところ、人間の身体は、もともとはエネルギーフィールドです。私が誰かのエネルギーフィールドを観察している時に、その人がポジティブなこと（たとえば、子犬を可愛がるような）に集中すると、その人のエネルギーフィールドの一部が明るくなります。まるで、もっとたくさんのエネルギーが入ってきたかのような感じです。しかし、エネルギーフィールドの他の部分は暗く曇ったままです。

人間のエネルギーフィールドにあらわれている暗い部分は、オーラの裂け目や癒やされていないトラウマの痕跡によって引き起こされたもので、これは特に感情体のフィールドによく見られます。どんなにポジティブ思考をしていても、もし彼らの潜在意識にトラウマの痕跡があれば、あたたかな経験や幸せな思考によって、トラウマの痕跡が消えてしまうということはありません。

感情面でのトラウマは、身体的トラウマと同じように働きます。極端な例ですが、もしあなたが事故にあって複雑骨折をしたとすれば、どんなにポジティブ思考をしても骨はもとに戻らないでしょう。もしポジティブ思考をしても、おそらく専門のお医者さんへと導かれるだけです。折れた骨をもとに戻すのは心地よいものではありません。その治療の過程で、まず骨が折れたことを認め、誰かに骨をつないでもらい、ギプスをはめて、それからようやく、その症状が癒されるように、ポジティブ思考をすることが必要となります。

もう一つのシナリオを考えてみましょう。複雑骨折をした時、ポジティブ思考をして、骨折から目をそらそうとしたなら、どうなると思いますか？　おそらく、これは深刻な状況だと気づいている自分の側面と、深刻な状況だと認めたくないもう一つの側面の間で、あなたは、精神的、感情的な葛藤を経験するでしょう。明らかに治療が必要な複雑骨折をしている時に、ポジティブ思考をするのが最善なことだとあなたが思うのはなぜなのでしょうか？　その答えは、〝何かを避けたいという気持ち〟があるからです。

「複雑骨折から逃げたり、それを無視したりすることの結果は何だろうか？」という質問の答えを真剣に考えてみてください。その答えは、状態の悪化です。何とか乗り切ったとしても、不自由さが残るかもしれません。要するに、不快なものやつらいものを避けようとすると、避けようとしているものがますます悪化するのです。そして、私たちが避けようとしているものは、人間の影の部分だということを忘れないでください。

身体を例にしてお話ししましたが、感情的なレベルにおいてもまったく同じことが言えます。

もし感情的なトラウマで苦しみ、ポジティブ思考を続けることでそれを拒絶（その結果として、抑圧）したなら、私たちはネガティブなものを避けるためにポジティブ思考を利用しているだけです。実際、感情的な傷はよくなるどころか、悪化するだけです。でも、ポジティブ思考をしていれば、おそらくあなたの感情的な傷を癒やし、統合してくれる人へと導かれるでしょう。

もし自分の影の部分に取り組むことに抵抗しているなら、あなたは何かを避けようとしているのです。何かネガティブなものを避けるためにポジティブなものを使っているのだと理解したら、避けようとしているものが何であれ、それに対する抵抗を手放す時がきたということです。何かに対する抵抗を手放すには、そこから逃げるのではなく、まさにそのものと向き合わなければなりません。なぜなら、背を向ければ、単にそれに対するあなたの抵抗が強まるだけだからです。

あなたの人生にレモンを引き寄せる

「レモンのことは考えるんじゃない」と私が言えば、あなたはレモンのことを考え始めるでしょう。ポジティブ思考をしてネガティブな感情を避けようとしている時、あなたは潜在意識のレベルで同じようなことをしています。つまり、「自分が本当に感じていることには注意を向けないように」と言っているのです。ネガティブな感情について考えないようにしていれば、あなたの感じていることが拡大するだけです。そして、最終的には、大きくなりすぎて逃れることができなくなります。それはもっと攻撃性を増していき、あなたが受け入れ、それに対する抵抗を手放すことを望むようになるでしょう。

ですから、あなたはすでに自分の影の部分に抵抗しており、その抵抗こそ潜在意識にネガティブな感情が住み着いている理由なのです。では、何かに抵抗している時、あなたはどうすべきなのでしょうか？　答えは、抵抗を手放す努力をするということです。抵抗しているものに対して執拗にポジティブ思考をしたり、それを無視しようとしたりしても、抵抗がさらに強くなるだけで何の役にも立ちません。それを避けようと真剣に努力しながら、自分でも気づかずに、それに集中し、それに対してエネルギーを送っているのです。自分にとって現実であるもの（でも、自分が望んでいないもの）を繰り返し無視したり、否定したりしている時にもっともありがちなのは、それが病気のような身体的症状としてあらわれてくることです。

興味深いのは、私たちは、受け入れられない〝悪いもの〟を潜在意識で拒否しているだけでなく、受け入れられない〝よいもの〟も抑圧しているということです。これが偶像化というものです。偶像化とは、自分が抑圧したポジティブな性質を他人に投影したものにすぎません。ですから、あなたは源である自分自身ではなく、それが投影されたものを敬っているということです。

気づきを求めて

私たちの抑圧された側面に関して、低い波動からより高い波動へとシフトするための最初のステップは、それに気づくようになることです。自分で自覚していないものに取り組む時、抑圧された側面そのものに気づくことが波動的な成長への最初の一歩なのです。気づくとは、真っ暗なクローゼットの中を明かりで照らし、初めてそこに何があるのかを目にするようなものです。気づきそれ自体が、大きな安堵感を生み出すでしょう。私たちは自分の影の部分を恐れているからこそ、影に抵抗するようになりました。けれど、だんだん影の存在に気づくようになると、私たちはそれを理解できるようになります。自分の影の部分を理解することは、恐れを減らすもっとも効果的な方法であり、それによってもっと地に足をつけ、本当の自分を感じられるようになるでしょう。

ポジティブ思考は役に立つものですが、大きな例外が一つあります。それは、「自分が避けようとしているものには役に立たない」ということです。別の言い方をすれば、ポジティブ思考は、抵抗を可能にする道具として使う場合を除いては、いつも効き目があるということです。

多くの人たちが、ポジティブ思考のパワーを発見してワクワクしているはずです。なぜなら、それはすべてが許される免罪符のように思えるからです。まるで、自分の望まない側面すべてを回避し、そこから自由にしてくれる魔法の薬のように感じているでしょう。けれど、残念なことに、引き寄せの法則を十分に理解していないため、多くのスピリチュアルティーチャーが、完璧な人生を作るのに必要なのはポジティブ思考だけだという考えを強化しています。

では、このことについて少し考えてみましょう。もし何か大きなものを避けようとしているなら、好むと好まざるとにかかわらず、また、自覚していてもいなくても、私たちの意識の大部分は、過去のトラウマに焦点を当てようとします。私たちは、一つのレベルでは自分が本当に傷ついていると知っていますが、別のレベルでは、そのことを認めたくないと思う情緒的な障害者のようなものです。そして、自分が十分にポジティブ思考をしていれば、奇跡的にもとの状態に戻ると信じたいのです。

この考えには、次のような欠点があります。私たちの宇宙を支配している引き寄せの法則は、本質的に鏡の法則です。引き寄せの法則では、あなたの中にどんな波動が存在しようと、それが外側の世界であなたの経験することとぴったり一致すると述べています。そして、すでにお話ししたように、あなたの影の部分とはあなたの内部にある波動で、それと一致する経験を人生に引き寄せているのです。これが起こらないようにするには、あなたの影の部分が統合され、癒やされなければなりません。

引き寄せの法則について話す時、私はよくラジオのダイヤルの例を挙げています。あなたがダイヤルをどのラジオ局に合わせようと、それが電波の波長を決定し、その結果、どのラジオ局を受信するかが決まります。感情に関して言えば、あなたが喜びにダイヤルを合わせれば、喜びを受け取るということです。しかし、このたとえは、全体としてのあなたを一つのダイヤルとみなした場合にのみ当てはまります。

実のところ、あなたは、多数のダイヤルを持つ配電盤のようなものです。これらのダイヤルで受け取ったさまざまな波動が、あなたの全体としての波動を作っているのです。あなたは、人生のあらゆるテーマに関してそれぞれのダイヤルを持っています。このように考えると、関係性についての私のダイヤルは、絶望にセットされていて、悲嘆へと導くような関係ばかりを受け取っています。一方、私のキャリアのダイヤルは高揚感にセットされていて、意気揚々となるようなキャリアのチャンスを受け取り、私は仕事が大好きになりました。

もしこれらのダイヤルの一つが受け取ったシグナルの波動を高めれば、あなたの全体的な波動が高まります。でも、人生のどれか一つの領域でポジティブ思考をすることが、あらゆる領域でポジティブな変化を生み出すというのは間違いです。自分のキャリア、自分の友人、あるいは自分の身体に関して、どんなにポジティブ思考をしたとしても、恋愛関係についての悲惨な波動はそのままかもしれません。そして、ネガティブな恋愛を経験し続けることになるでしょう。あなたは、ポジティブ思考には効果がないと思うでしょうが、すでに説明したように、これが全体像ではないのです。

影の部分とワークすることの効用

人間の影の部分とワークする時のもう一つの誤解について説明しましょう。それによって、多くの人が自分の影の部分とワークしたくないと考えています。その誤解とは、もし自分の影の部分に集中すれば、それがもっと多くの影を生み出すというものです。その結果として、もっとたくさんワークしなければならなくなるというのです。これは、次のような理由から、正しい考えではありません。

もしあなたが、人はこの人生にやってくる時、宇宙のエネルギーによって完全な状態に作られたと理解しているなら、この純粋なエネルギーは太陽の光のようなものと想像できるでしょう。

人は成長し、トラウマを経験しますが、それによって闇が作られるということはありません。自分の内側の光がなくなるのではなく、その輝きを失っていくのです。自分の影の部分とワークすると、まるで窓から埃まみれの膜が取り去られたような感じがするでしょう。ですから、もっと光を生み出そうとする必要はないのです。埃まみれのフィルムを拭い去ったら、自然に光が部屋の中へと差し込んでくるのですから。あなたは光を遮っていたものを取り除けばいいだけです。

別の例として、潜在意識は、あなたを水中に留めている重りのようなものだと考えることもできるでしょう。もし重りのほうを向いて、その留め金をはずせば、あなたは水面へ向かって泳ぐ必要もありません。自然に水面へと浮かび上がっていくからです。影の部分とワークをすると、あなたの波動はこのように働きます。そのワークは浮き輪のように働き、自然にあなたの波動を高くしてくれるのです。というのは、波動の邪魔をしていたものが再び統合されて、あなたの波動を下げるものがもう存在しなくなるからです。

この考えを理解すると、「もし影の部分に集中していれば、もっと影の部分が増えてワークするものが多くなる」というのは単なる根拠のない作り話であるとわかるでしょう。それは、もし台所で皿を洗い始めれば、汚い皿がもっと増えると言っているようなものです。まるで、最後の皿を洗い終えた瞬間に、汚れた皿がパッと出現する、というようにです。

カタルシスの経験

自分の影の部分を探求している人たちは、時間とともに、それがだんだん統合されていき、取り組むべきワークが少なくなっていくとわかります。

けれど、私は、なぜ反対のことを考えている人がいるのかも十分理解できます。自分の影の部分と取り組むことに難色を示す多くの人たちは、感情的な好転反応、すなわちカタルシス（精神の浄化）と呼ばれるものを経験したことがあるのでしょう。自分の内側にあるクローゼットを開ける許可を初めて自分自身に与えた時、潜在意識が飛び出してくるからです。

もしあなたがカタルシスを経験したなら、自分の影の部分を探求し始めたせいで、人生がもっと悪くなったと考えたかもしれません。しかし、その考えは頭から追い払ってください。皮肉にも、この時点で、ほとんどの人が自分の影の部分に取り組むことをやめてしまい、もともといた場所へ戻ってしまいます。彼らは台風の目の中を通過しているだけなのです。もし振り返らずに進み続ければ、それらの側面を再び統合し、目覚めの体験を得られる可能性が高いでしょう。生まれて初めて、自由や完全さや平安を感じられるということです。私があなたに対して、そして、全体性を取り戻す準備ができたすべての人に望んでいるのは、このようなことなのです。

ここまでの話で、くるりと向きを変えて、自分の恐れと向き合うことが大切である理由がわかったはずです。自分の恐れと向き合った時、その恐れは、もはやあなたに対するパワーを持ちません。あなたは、恐れから逃げることで、〝望まないもの〟に抵抗するのはもうやめたということです。むしろ、恐れと向き合うことで、それを認め、受け入れた状態へとシフトしています。こうすることで、昔のトラウマに根ざした自分の古い側面が、あなたを傷つけたり、悩ませたりすることはもうなくなります。

あなたの影は、幽霊のように、世界の果てまであなたのあとをついていき、自分のほうへ意識の光を向けるように懇願するでしょう。どんなにポジティブ思考をしようと、それを消すことはできません。簡単に言えば、影の部分に焦点を当てても、それがもっと影の部分を生み出すことはないということです。なぜなら、意識の光を当てられた影は、もう影として存在できないからです。

私がなぜ、このプロセスで、インナーチャイルドのワークと影の部分の探求が重要だと感じているかおわかりいただけたでしょうか。「完了プロセス」の内容へ進む前に、あと二つか三つの概念についてお話ししたいと思います。具体的に言えば、あなたの身体、感情体、そして、時間の概念が、私たちの生活や再統合のプロセスにどのように関係しているかについて説明します。

第4章

身体、感情、時間はどのように関係しているか

実のところ、この宇宙には高いものも低いものも存在していません。しかし、私たちが理解しやすいように、もっとも高い意識レベルでは、すべてが統合されているということにしましょう。すべてのものは一つです。しかし、低いレベルでは、いろいろな次元やさまざまな側面がありま す。このような点では、私たちも宇宙に似ています。なぜなら、あなたも多次元で、多数の側面を持つ存在だからです。

あなたのもっとも高次のレベルでは、すべてが統合されています。あなたの身体、エーテル体、感情体、思考体、スピリチュアル体はすべて一つになっています。それらはすべて、宇宙を表現しているエネルギーなのです。低次のレベルでは、これらの側面は、互いに重なる異なった次元として存在します。でも、これらの側面はすべて、単に、同じ意識の異なる表現にすぎません。

フィーリング体

食べ物を一口食べると、独特な味わいの経験が生み出されるように、それぞれのフィーリングは、身体に独特な感覚を与えます。私は、このユニークなフィーリングの一つひとつを〝フィーリングの趣〟と呼びたいと思います。さらに、フィーリングの趣を感じ取っているのがフィーリング体です。フィーリング体とは、多くの人が感情体と呼んでいるものですが、それはフィーリングのレベルであなたが本当は誰であるかを示しています。この層には、現在の感情だけでなく、あなたの記憶の感情的な側面が痕跡として含まれています。それは、あなたの身体の自己と思考する自己をつなぐ橋のようなものです。

感情体のおかげで、あなたは自分の思考を身体的に経験することができます。まず、あなたの思考は、フィーリングの印象に変換されます。そして、あなたの身体が、メッセージを通訳するようにフィーリングの印象を解釈して、そのフィーリングの状態を神経ペプチドとホルモンへと変換するのです。これらの成分は、身体の中で、〝感情〟と呼ばれる反応を引き起こします。感情には、恐れや怒りやストレスから、愛や思いやりや幸せまでさまざまなものが存在します。

驚くことではありませんが、あなたのフィーリング体は、フィーリングに特化したものです。フィーリングには感情だけではなく、感覚や知覚も含まれます。感情は身体を超えて存在しませんが、フィーリングは違います。言い換えるなら、感情はフィーリングを生理的に経験したもので、フィーリングは、感覚を基にした知覚的な気づきです。あなたのフィーリング体は物質的な身体ではなく、エーテル体です。しかし、あなたが望めば、フィーリング体は視覚化ができ、実在する身体として象徴的に理解できるでしょう。

物質的な身体を超えて見る

フィーリング体を実在する身体として視覚化することに関しては、具体的な例を挙げたほうがわかりやすいと思いますので、私の経験をいくつかご紹介しましょう。私の親戚で、いつも自信にあふれ、人に頼らない雰囲気を持つ男性がいます。彼はとても勤勉で、「目的を達成するには、何らかの犠牲を払わなければならない」という人生観を持っています。彼のフィーリング体が私の前に姿を見せた時、それは灰色がかった青色でした。猫背のような姿勢で、彼の両肩を覆い、左側に傾いているように見えました。このフィーリング体は床の方をじっと見つめていました。その動きは制限されており、特に私がショックを受けたのは、顔の左側が腫れ上がった醜い傷跡で覆われていたことでした。それはあまりにもひどい傷で、まるで肉ミンチ機によるもののように見えました。

この男性が持っていたのは、抑圧と深く閉じ込められた悲しみのエネルギーでした。そこで私が目にしたのは、このような状況に特有なものでした。つまり、フィーリング体に〝損傷〟があると、それは私たちの一つの側面を弱くし、別の部分が過剰にその埋め合わせをしようとするのです。この埋め合わせによって、自己の中の統合が大幅に失われ、バラバラに分裂した状態になります。

たいていは、物質的身体が感情体の埋め合わせをします。たとえば、誰かの感情体が弱くて怯えており、今にもつぶれそうだとしましょう。すると、その人は強くて自信があるように見せるため、身体的に大げさな態度を取るかもしれません。また、その同じ人は、自分の内側に深く入り、物事をより客観的な視点から見る才能に恵まれていて、スピリチュアルな成長を遂げるかもしれません。いずれの場合も、自分の一つの側面が、別の側面の不足を補っているのです。

なぜ自分の身体に注意を向けるのか？

私は、フィーリング体に注意を向けることが大切だと感じています。第一に、フィーリング体は、身体的経験と非身体的経験の間の通訳者です。そのおかげで、あなたは思考を〝実在する〟何かのように経験することができるのです。実際、フィーリング体がなければ、あなたの物質的現実の何一つとして、実在するように思えないでしょう。なぜなら、あなたが人生について感じていることや、それに基づいて出した結論は、すべてあなたのフィーリング体の一部だからです。

あなたの解釈は、フィーリング体の一部であり、私はすでに、感情的なトラウマはフィーリング体の一部であるという事実についてお話ししました。あなたの人生に対する感じ方が痛みを伴うものだったり、人生に引き寄せた結果が苦しいものだったり、記憶が耐えられないものであるなら、あなたのフィーリング体は、これらすべてのつらいメッセージをあなたの身体へと伝達し続けるでしょう。これは、あなたの身体の中で不快な感情として解釈され、あなたを不幸な人生へと導く可能性が高くなります。

ですから、あなたが自分の人生をネガティブに解釈しているなら、その苦しい感情の状態が物質的に身体に出てくるでしょう。一番厄介なのは、もともとのトラウマを思い出すのを止めることはできないということです。感情的なトラウマは、統合されるために繰り返し出現するので、あなたは今この瞬間にいることができません。言い換えれば、もし私が子どもの頃、何らかの形で父親に見捨てられたと感じたなら、統合が完了するまで自分が見捨てられたと感じるような状況に出会い続けるでしょう。

感情的なレベルとフィーリングのレベルで癒やしが必要なら、あなたは感情とフィーリングそのものに取り組まなければなりません。そして、自分が最初にその感情やフィーリングを抱いた時のことを思い出さなければなりません。けれど、そこには落とし穴があります。「何かを癒やす必要がある」と言った瞬間、それは、あなたが何かを変えなければならない、あるいは、修正しなければならないことを示唆しており、自分の何かに不満を抱いているということになります。自分自身を感情的に傷つける一番の方法は、「何かを変える必要がある」というレンズを通して、自分自身を見ることです。もし「自分を修正する必要がある」という姿勢でフィーリング体に近づけば、傷口にノコギリ歯のナイフを当てることになり、何の癒やしにもならないでしょう。では、いったいどうすればいいのでしょうか？

感情を修正しようとか、癒やそうとするのに取って代わる最善策は、それがどんなにつらいものであっても、フィーリングや感情をそのまま丸ごと受け入れるということです。それを変えようとするのではなく、フィーリングや感情とただ一緒にいてください。フィーリングや感情に耳を傾け、それがあなたに知ってもらいたいことを聞いてください。私たちは、このプロセスを、癒やしではなく、〝統合〟と呼んでいます。「完了プロセス」のこの部分を経験しながら、あなたは自分自身と自分の感情と完全にともにいることを学びます。これをする最善の方法は、地球上でもっとも古い瞑想法であるヴィパッサナー瞑想を用いることです。それは、ブッダが悟りを開くのに用いた瞑想法でもあります。

ヴィパッサナーとは、物事をありのままに見るという意味で、ヴィパッサナー瞑想の目的は、自己観察を通して自分自身を変容することです。あなたは「完了プロセス」を行ない、完全に自分自身とともにいながら、これを経験するでしょう。しかし、それは単に何の思考もなしで自分とともにいるだけでなく、自分の感情と完全に一緒にいるということです。このような理由から、私は、プロセスのこの部分を〝感情の〟ヴィパッサナー瞑想と呼ぶことにしました。

感じることと存在すること

癒やしの世界で注目されているのは、「気分がよくなること」だけのように思われます。この目標が悪いわけではありません。むしろ当然のことと言えるでしょうが、実は、これが癒やしの実現を妨げている罠なのです。気分がよくならなければいけないと思うことで、あなたは自分自身に対して、無意識のうちに、今感じていることに悪いところがあるというメッセージを送ってしまいます。つまり、自分を修正する必要があるというメッセージを与えてしまうのです。これは、潜在レベルでの自己拒絶です。私たちはそれが隠れた自己否定であるということを、すでに学びました。もし、自分の居場所を変えなければならないと考えているなら、今いる場所を拒絶しているのです。もし自分の感じ方を変えなければいけないと思っているなら、今の自分の感じ方を拒絶しているということです。

そもそも、この問題のせいで、あなたは今のような状態になったのです。周囲の人々は、無条件にあなたとともにいて、ありのままのあなたを愛することなど到底できません。ですから、あなたが自分自身のためにそれをしなければならないのです。

子どもの頃に悲しくなった時、あなたが両親に望んだのはその悲しみから救ってくれることやあなたの気分がよくなるように何かをしてくれることではなく、悲しみを感じている自分と、ただずっと一緒にいてくれることでした。けれど、両親はそうしてくれなかったので、両親が一緒にいてくれるのは条件ありきなのだというメッセージをあなたは受け取りました。その条件とは、あなたが可愛く、朗らかで、おとなしいということです。あなたは自分自身にもそれと同じメッセージを与え続けてきました。つまり、ある特定の感じ方をした時にだけ、自分は存在する価値があるというものです。それは、まさにいい時だけの当てにならない関係性と言えるでしょう。

では、これまでと同じメッセージを送り続けることに取って代わるものとは何でしょうか？　私が提案するのは、「気分がよくなるようにすること」から「自分の感情を進んで感じようとすること」へとあなたの焦点を切り替えることです。無条件で、あなた自身やあなたの思考や感情とともにただ存在し、ずっと長いこと望みながらも誰からも得られなかった愛にあふれたお世話をしてあげてください。もしこのようなことがお互いに可能な世の中を望んでいるなら、まず自分に対してそうすることを学び、それから無条件に他人と一緒にいてあげることで、他人にもその大切さを伝えましょう。

願望、それとも渇望？

何千年も前に、「願望は、苦しみの根源である」と言われました。これは本当のことでしょうか？　いいえ、そうではありません。この文章で実際に使われた言葉は、〝Tanhā〟ですが、Tanhāの意味は、渇望です。では、願望と渇望の違いは何でしょうか？　この二つには、かなり大きな違いがあります！　表と裏、二つの面を持つコインのことを考えてみてください。その一つの側面が願望であり、もう一つの面が渇望です。渇望とは、〝選択〟というコインにおける願望の影の側面なのです。

渇望は、欠乏感があることを示唆しており、その欠乏感が渇望を起こさせています。渇望は執着で、激しい欲求ですが、それは何か他のものへの嫌悪感から動機づけられています。ですから、苦しみとは、自分が嫌悪感を持つものから、執着するものへと絶え間なく動いている状態のことです。執着とは、依存症に他なりません。すなわち、何かが不足している、あるいは何かを避けようとして、別の何かを強く求めているということです。

ですから、渇望と願望は異なるものです。渇望とは願望の影の側面で、その影とは〝不足している〟という認識から生まれます。願望は悪いものではありません。実のところ、この人生で、あなたは願望から逃れることはできません。さらに、もし願望について本当に理解したなら、逃れたいとも思わないでしょう。ただし、あなたは願望をより高めることができるのです。

純粋な形での願望は、執着という形態をとることはありません。純粋な形での願望には、何の抵抗も存在せず、それは本当の自分の道具になり得ます。願望は拡大、自己認識、自己実現を促しますが、渇望はエゴの道具になるだけです。

驚かれるかもしれませんが、ブッダはエゴという言葉を知りませんでした。これは、フロイトが用いた言葉で、それが現代の仏教徒の社会に受け入れられ、ブッダの教えに当てはめられたのです。それは単に、分離していない自己の覚醒した見方と、分離した自己による錯覚した見方の違いを表現するのにぴったりの言葉でした。のちに、有名な精神分析医で心理療法士だったカール・ユングは、意識しているものか、無意識のものかという意味合いから、エゴを〝影の側面〟と呼びました。

ブッダが自分の悟りの経験を明確に表現した時、彼が説明しようとしたのは、自分自身の中に生来備わっている両極性を観察したということでした。つまり、真実と幻想、意識と無意識、苦しみと幸せという対照的なもののことです。そして、悟りによって、両極のものすべてを超越しました。悟りとは、苦しみでないのと同様に幸せでもありません。悟りとは、両極性からの解放なのです。

よい気分になるための手段

そうなると、私たちの行動のすべては、悪意があるものに見えようと、よいものに見えようと、その根源は一つということになります。つまり、「もっとよい気分になりたい」ということです。ヘロインを打つ人は、気分がよくなりたいと思うのでそうします。結婚する人は、もっと幸せを感じられると思うので結婚します。他人を殺す人は、それによって気分がよくなると思うのでそうするのです。

これまで、宇宙の中のすべての動きは、他の何かへと向かうためになされてきました。なぜなら、あなたは何かから離れたいと思っていたからです。望まないものから離れたいという願望を持って、私たちは望むものの方向へ動いているのです。

最大の問題は、ネガティブなものから離れて、ポジティブなもののほうへ向かいながら人生を生きていると、あなたは絶えず動いているということです。言ってみれば、今この瞬間に、立ち止まってバラの香りを楽しむことはできないでしょう。すべての決断が苦痛によってなされ、すべての願望は、苦しみから逃れようとしたことの副産物になります。でも、私はあなたに、逃れたいと思うものなど何もないような人生を想像してほしいのです。苦痛に対して抵抗せず、喜びのために生きているような人生を思い描いてほしいのです。涙の試練に終止符を打ち、よりよい地点にたどり着くには、今いる場所から逃げて、どこかへ向かうという絶え間ない動きを終わらせなければなりません。

嫌悪感から執着的な渇望へ向かう動きを終わらせるために、私たちは、自分が嫌悪感を抱いているもののほうへと向きを変えなければなりません。そして、完全にそれとともにいて、それを受け入れるのです。無条件でそれとともに存在し、それを変えようとせずにそのまま経験したいと知らせるのです。無意識の影の部分へ、進んで意識の光をもたらそうとすることで、私たちは自由の身になれるでしょう。

自分の嫌悪感に対しても嫌悪感を持たなくなれば、それはもはや私たちを支配するものではなくなります。願望はその影から解放されて、変容し始めることでしょう。さらにもう一歩踏み込んで言えば、輪廻転生の必要もなくなります。輪廻転生に対する渇望もあなたの魂からなくなるからです。今あなたの魂は、嫌悪感あるいは渇望による動機づけから自由になって、あらゆる選択を行なえるようになるでしょう。それは本当に解放的な世界です。

平和の真の性質

平和とは、戦争がないことをはるかに超えた状態です。平和は、内側での衝突も外側での衝突も存在しないということです。対立も両極性も存在していません。平和とは、無限のシンボルの中心点です。平和には反対のものが存在せず、むしろ平和は、統合した在り方であり、悟りの状態とも言えるでしょう。平和は、意識的に生きようとするプロセスの副産物だと考えてもいいでしょう。

源とも呼ばれる宇宙が、それ自身にもっと気づいていくにつれて、気づくべきものがもっと増えていきます。より大きな宇宙の中の小宇宙として、私たちはもっと気づくようにならなければいけません。このために、さらなる悟りが、常に存在するのです。

横向きにした数字の8の字で表現される無限のシンボルを見ていると、両極性があることに気づくでしょう。一方に物質的なものがあり、反対側に非物質的なものがあります。一方に生命があり、反対側に死があります。さらに、一方は光を、反対側は闇をあらわす、というような具合です。これら二つの間に点が存在しますが、それは線が交差するところにある静止点です。これもまた、無限を意味するシンボルの一部です。それは、対立するものの間でバランスを取っているのではありません。実のところ、対立するものの融合、そして超越を示す点なのです。

「完了プロセス」を行なう中で、私たちはずっと探し求めている悟りへと至るための、実践的な方法を見つけることができるでしょう。影の部分を統合すれば、私たちが何かから逃げて、別の何かへ向かうように駆り立てられることはもうありません。私たちは自由であり、意識的に自由な選択ができるのです。それは、自己実現した状態であり、目覚めている状態です。

過去も現在も未来も同時に存在する

時間は、過去から現在、現在から未来へと直線的に流れているように思われています。まるで、現在が常に更新されているかのように感じているのです。私たちは未来は現在になるまで決まっておらず、過去が変わることはないという認識を持っています。けれど、これらすべては単なる認識にすぎません。実際には、すべてのタイムラインは、同時に存在しています。宇宙は、かつて存在したもの、今存在しているもの、これから存在するものすべてからなる大海のようなものです。そして、それらすべてのものが共存しているのです。引き寄せの法則によって、〝今〟のいくつかは、他の〝今〟と波動的に一致します。それらは、互いに関連しており、あなたはそれらが一列に並んでいると認識します。この列の並びを私たちは〝時間〟と呼んでいるのです。

あなたの直線的なマインドが、〝今〟だけからなる宇宙を理解できるように、例を挙げて説明しましょう。私が図書館の中へ歩いていくのを想像してみてください。次に、私が図書館にあるすべての書物のページを破り、床の上にばら撒くところを思い描きましょう。書物のページは、もう順番通りにはなっていません。今やすべての物語やすべてのタイムラインが、情報の海のように共存しています。もし私が、特定の本に属するページを特別な色で見分けるゴーグルをつけたなら、それらを互いに一致するものとして見ることができるでしょう。それをすべて集めたら、その情報が意味を持つストーリーになるように並べることができるはずです。つまり、情報の海の中から、直線的なストーリーを作ることができるのです。本質的に、これがマインドのしていることです。

この話から、記憶がどのように働くのか、これまでよりもっとよく理解できたでしょう。実のところ、記憶は、マインドが、〝今〟を順番に並べた結果にすぎません。それによって、意味が引き出され、進化や拡大が認識されるのです。さらにもっと掘り下げると、〝今〟という認識でさえ幻想です。あなたの前にある本から、あなたの目へと光が移動するのに、〝時間〟がかかります。ですから、あなたが目の前の文字を認識した時、実は、リアルタイムでそれを認識したのではありません。実は、〝今〟のミリ秒前にあったものを認識したのです。

ですから、私たちは、今現在にあるいかなるものも決して見ることはできません。このことは、「完了プロセス」との関係で、どのような意味を持つのでしょうか？　時間は役に立つものだけれど、それでもなお幻想にすぎないと考える必要があるということです。身体を持って生まれてくる時、私たちは学びという目的のため、直線的な時間の認識を持つようになります。そして、過去はもう存在しないと思っていますが、過去はなくなってはいません。これはつまり、タイムトラベルは、身体にとって現実であるかどうかにかかわらず、マインドにとってはすでに現実であるという意味です。実際、理論的に、あなたがタイムマシーンを必要とするのは、身体的なタイムトラベルの場合だけです。マインドや感情が時間を超えて旅するために、タイムマシーンは必要ありません。

直線的な時間上で人生を見る

「完了プロセス」について理解しやすいように、ここでは一般的に受け入れられている時間の認識を用いることにします。直線的な時間で、私たちは、因果関係を認識します。それはつまり、今あるいは将来における何かが、過去における何かの結果として、どのように引き起こされたのかを見ることができるという意味です。

たとえば、若い頃に両親を失った経験が、いかにして大人になってからなかなか人を愛せないこと（結果）の原因になっているかがわかるということです。私たちは、過去は過ぎ去ったものと考えているので、その原因を変えることはできず、結果しか変えられないと思っています。ですから、ほとんどのヒーリングの手法では、原因に取り組むことはせず、結果を変えようとします。けれど、たとえ結果だけを変えたとしても本当の変容は起こらないでしょう。それは、根っこを残したまま、雑草を始末するようなものです。根を引き抜くことによって、根の成長結果であるすべてのものを変えることができるのです。

もし時間は幻想であり、私たちの現実は、自分が認識したものだけからできているとわかったら、想像と現実の間にある線がぼやけてくるに違いありません。それはぼやけたままにしておいてください。そうすれば、マインドは、これまで知覚できなかった可能性を受け入れるでしょう。過去の思考を変えることによって、現在の思考にも変化を起こすことができます。そして、過去の感情を変えることで、現在の感情にも変化をもたらすことができるのです。

このことから癒やしに関して無限の可能性があることがわかるでしょう。たとえば、子どもの頃に住まいを転々とした人は、自分は何もコントロールできないという感覚を持ったかもしれません。彼女は無力感を抱き、ストレスを感じました。これが原因です。大人になり、彼女はホッとするためにタバコを吸うようになりました。さらにそれは、自分が人生に対してコントロール力とパワーを持っていると感じるための儀式にもなったのです。タバコを吸うということが結果です。

この女性に心の中で時間を遡ってもらい、子ども時代にある原因を癒やしたとしたら、何が起こるか考えてみましょう。彼女は翌朝、タバコを吸いたいという欲求を感じないかもしれません。この例は、作り話ではありません。実際に、私のクライアントに起こったことです。現在の生活において、私たちは、過去の痕跡が歩いているようなものです。過去を変えることによって、私たちは現在に影響を与えることができるのです。幸いにも、そうするためにタイムマシーンは必要ありません。

過去は、消えてしまったわけではありません。私たちは現在起こっている苦しい感情によって、過去にアクセスできるのです。それができるとは知らず、自分で歴史の流れを変えられたらと、どんなに願ったことでしょうか。私たちは自分自身を取り戻して、再び完全な状態になれるのです。

パート2

「完了プロセス」の実践

第5章

「完了プロセス」を始めるための準備

これまで第1章から第4章までを読み、「完了プロセス」の考えに慣れ親しんでいただけたことと思います。では、いよいよそれをあなたの人生の一部にしていきましょう。このプロセスで間違いを犯すということはあり得ません。「完了プロセス」には、正しい経験も間違った経験もありません。ここからは、次の言葉を心に留めて、前へと進んでいってください。「『完了プロセス』を行なっている時に経験することは、すべて根拠のあるものです。そして、そのすべての経験が、私にとって正しいものです。この時点で、まさに私に必要な経験です」

では、始めましょう

「完了プロセス」を行なっている時、あなたはどんなイライラも、実はトラウマの記憶が反響しているだけだという見方をします。あなたはその記憶に取り憑かれているかもしれませんし、あるいは、まったく覚えていないかもしれませんが、イライラの原因だと思っている現在の状況は、昔の傷を呼び起こすトリガーにすぎません。その傷は、あなたの注目を必要としているのです。トリガーは、あなたが抑圧した傷を見るようにサポートするので、有害どころか、役に立つものなのです。

トリガーがあなたをひどく傷つけた時に、それをよいものとして受け入れるのは難しいでしょう。でも、それに感謝する必要こそありませんが、重要なものを運んでいるメッセンジャーとして見なければなりません。このようにトリガーを見れば、自分の有利になるようにそれを使うことができるからです。トリガーは、統合のための素晴らしいチャンスだと考えてください。

「完了プロセス」の長所は、自分自身の統合のためにトリガーを使うことで、最終的に自分とトリガーとのネガティブな結びつきがなくなるということです。あなたは、トリガーがあらわれても、あまり反応しなくなっていくでしょう。そして、トリガーと統合を結びつけるようになり、トリガーが出現した時に気分が悪くなるどころか、もっと気分がよくなるはずです。

トリガーの意味がこれほど劇的に変わると、あなたの生き方も変わります。これまでのように、守りの姿勢や被害者意識で生きることがなくなります。宇宙があなたに苦しみを与えていると感じるのではなく、あなたを助けてくれていると感じるようになるでしょう。

トリガーは、「完了プロセス」に取り組むチャンス

「完了プロセス」に熱心に取り組んでいる時、あなたはトリガーそのものから注意をそらし、現在の状況について自分自身に告げているストーリーから離れるという練習をしています。その代わりに、たった今起きたことの結果として、自分が経験しているフィーリングへと注意を向けるのです。私はこれを〝反響に耳を傾ける〟と呼んでいます。

何らかの感情が引き起こされたと感じたら、それは、「完了プロセス」に取り組むのにうってつけのチャンスです。とはいえ、時と場所によって、このワークをするのは無理なこともあるでしょう。そのような場合には、都合のよい時まで待つか、いつ行なうかという予定を立ててください。あなたが自分自身に対して、そして、「完了プロセス」に対して、いかに真剣に向き合っているかはあなただけが知っていることです。けれど、一般的に言えば、統合のためにトリガーを利用するのが早ければ早いほど、より望ましいでしょう。

どれくらい早く統合できるかは、それを優先事項にするかどうかにかかっています。自分自身に対して、何が本当に重要なものであるかを尋ねなければなりません。あなたが癒やしを得て、全体性を取り戻すことより、もっと優先すべき重要なことがあるでしょうか？　たとえば、台所をきれいにしようとしていた時、誰かあるいは何かにトリガーを感じたとしたらどうしますか？　もし掃除のほうがもっと大切だと決めたなら、あなたは台所の床や汚れた皿のほうが、自分の健康よりも重要だと思っているということです。

安全で静かな場所にいて、「完了プロセス」を行なえるようになったら、トリガーの出来事について考え、そのつらいフィーリングを再び感じることができるか見てみましょう。

「完了プロセス」に取り組んでいるほとんどの人は、その結果として何があらわれようと完璧に対処でき、それによって自分の気分がもっとよくなるとわかっています。けれど、いかなる深い癒やしのプロセスにも言えることですが、自分だけで対処するのが難しい場合、友人や専門家の人にサポートしてもらうほうがよいでしょう。

このプロセスにおけるどの時点でも、もし自分や他人を傷つけたいという思いに駆られたら、すぐに助けを求めてください。過酷な虐待を経験した人や、精神的に刷り込まれている人は特に注意が必要です。そのような人たちは、最初から経験のある専門家とともに行なうことをおすすめします。

プラクティショナーや信頼できる友人の役割

大部分の人にとって、「完了プロセス」の最終的な目標は、この道具を自分だけで使える能力を身につけることです。それによって、自分の癒やしに対する影響力を持つことができます。さらに、自分自身でこれを行なえば、いかなるリスクも最小限になるでしょう。実のところ、たとえず反射的に反応するような生き方を続けていれば、ひどい結果になると私は確信しています。あなたは、これからずっと過去の反響に悩み続けるのですか？　もし「完了プロセス」を学んで、実践してみたいと感じたなら、ぜひそうしてみてください。

とはいえ、「完了プロセス」のすべてのステップを学び終えても、まだ怖いような感じがしたら、あなたの信頼できる人に手助けしてくれるよう頼みましょう。特に、始めたばかりの頃は、そうしてください。自分のことを一番よく知っているのはあなたです。友人に頼んでもよいですし、資格のある「完了プロセス認定プラクティショナー（ＣＰＣＰ）」にお願いしてもかまいません。このことについては付録Ｂで詳しく説明しています。

「完了プロセス」はそれ自体が素晴らしい道具です。なぜなら、一つのセラピーとして単独で使えるからです。しかし、エネルギーワークやボディワーク、心理学や精神医学のような他のセラピーと一緒に用いても効果的でしょう。

もし、ある特定の感情がトリガーとして反響しているなら、それは、その感情とそれに付随した記憶が統合されるようにお願いしているということです。あなたの内なる自己は、あなたが癒やされるのに十分なくらい安全だと感じた時、初めてそれを統合しようとします。闘うか、それとも逃げるかという反応の状態から抜け出して、もう意識の分裂が起こらないような状況になるまで、ＰＴＳＤの症状があらわれないのは、このような理由からです。

このワークを自分自身で、あるいは、思いやりある友人やプラクティショナーとともに行なおうとする時、何かを無理強いしているということはまったくありません。あなたという存在そのものが癒やそうとしており、あなたの意識的な助けがあってもなくても、そうし続けるでしょう。もしトリガーを感じたら、あなたは統合のプロセスの間に何が起ころうと、それに対処でき、そうする準備ができているということです。

毎日「完了プロセス」を行なう

「完了プロセス」をトリガーに対して行なうだけでなく、日々の瞑想的な実践の一部にすることも可能です。朝起きてすぐに行なうのが効果的だと言う人たちもいるようです。何かを始める前に、ベッドや椅子に腰かけたり、あるいは瞑想用のクッションに座ったりして、このプロセスを実践してみましょう。

あなたの身体の中にどんなフィーリングがあろうと、それとともにいることから始めてください。そのフィーリングは、前夜から持ち越されたものだったり、あるいは寝ている間に見た夢への感情的な反応かもしれません。あなたの潜在意識は夢の中でそれ自体を統合し、癒やそうとします。ですから、夜中に、感情的あるいは精神的に、物事に対処しようとするのはごく普通のことなのです。

朝、目覚めて、自分の身体が経験している〝フィーリングの趣〟に馴染んだら、「完了プロセス」の残りの部分を始めてください。この朝の儀式を、トリガーに対して行なうプロセスに加えてもいいでしょう。

正確に言えば、「完了プロセス」が私たちを完全にしてくれるのでも、全体性を取り戻させてくれるのでもありません。むしろそれは、私たちが過去においても現在においても、常に完全であり、全体であるという事実に目覚めさせてくれるだけです。残念なことに、この真実を見えないようにしてしまう事柄や過去の傷がたくさん存在します。でも、この真実を覆い隠している傷が、私たちのマインドとハートによって受け入れられた時、この紛れもない真実を体現する本当の自分があらわれてくるでしょう。

「完了プロセス」の流れ

一旦このプロセスを始めたら、ステップ１からステップ18まで一気に進むべきだということを覚えていてください。言い換えるなら、「完了プロセス」は、今日二つか三つのステップを行ない、残りを翌週に終えるというようなワークではありません。それぞれのステップは前のステップに基づいています。そして、全体のプロセスは一気に終えるように作られています。そうすれば、感情のプロセスが正しく開いて、閉じるようになるからです。それは極度に感情的な経験になるかもしれません。ですから、十分な注意を払い、あなたが始めたものを終わらせることがとても重要です。

本書を読み進めているうちに、比較的簡単でやりやすいステップもあれば、より複雑で時間がかかるステップもあることに気づくでしょう。それぞれのステップに必要な通常の時間枠というのはありません。ステップ1からステップ18まで、自然な癒やしの流れに任せて、自分が必要だと思うだけ時間をかけてください。人によって必要な時間が異なるのは、ごく普通のことです。

では、全プロセスの概要がわかるように、各ステップについて簡単な説明をしていきましょう。第6章から第9章では、18ステップのそれぞれについてより詳しく述べています。このプロセスを始める前に、前もって次の四つの章に目を通すことをおすすめします。そうすれば各ステップで、何に気をつけて、何をする必要があるのかわかるようになるはずです。一つひとつのステップと全体的な流れに違和感がなくなったら、付録Aの早見表を参照するだけでよいかもしれません。付録Aには、簡略化されたリストと各ステップについての簡単な記述が載っています。

18ステップの詳細な記述（これから紹介する早見表と今後の章で扱う詳しい記述の両方）は、あなた自身と手助けしてくれる友人、「完了プロセス認定プラクティショナー」のために特別に用意したものです。

各ステップの早見表

1 安全な避難所を作る

自分のマインドの中に安全な避難所を用意し、〝安心して頼れる人〟を作り出します。他の機会に、異なる種類の避難所を作りたいと思わない限り、これは一度行なうだけです。

2 感情のヴィパッサナー瞑想をする

フィーリングやトリガーを探求するために、感情のヴィパッサナー瞑想を行ないます。現在、強い不快な感情やフィーリングを感じているなら、目を閉じて、そのフィーリングの中へ深く入っていきましょう。その独特な感覚、つまり、〝フィーリングの趣〟に慣れ親しんでください。無条件で、そのフィーリングと一緒にいて、何も変えようとせず、ただそれを経験し、観察します。しばらくしたら、そのフィーリングに名前をつけられるか見てみましょう。際立ったフィーリングの有無にかかわらず、これをやってみてください。強烈な感情が存在する時のほうが、はるかに簡単でインパクトがあるはずです。

3 現在のフィーリングを認める

自分の感情やフィーリングに対して、「私は、自分の感情やフィーリングと完全に一緒にいて、それが根拠のあるものだと認め、それを大切に思っており、それが言おうとしていることを知りたいと願い、それを聞く準備ができています」というメッセージを伝えます。そして、自分の感情やフィーリングを十分に受け取ることに、心を開きます。

4 記憶を表面に浮かび上がらせる

〝フィーリングの趣〟の感覚を、そのフィーリングの起源あるいは原因と自分をつなげるロープのように用います。「私が、このフィーリングを初めて感じたのはいつだったろうか?」と自問してください。そして、心の中で答えを追いかけるのではなく、海洋の深みから湧いてくる泡のように、自然に浮かび上がってくるのを待ちましょう。

5 記憶を再体験する

もし記憶が浮上したら、それがどのような方法でやってきたとしても、その記憶を観察し、体験します。記憶のフィーリングの強烈さとただ一緒にいる時間を取ってください。感情的に、その記憶を再体験するのです。

6　記憶の中のフィーリングを認める

過去の感情に対して、「私は、その感情と完全に一緒にいて、それは根拠のあるものだと認め、それを大切に思っており、それが言おうとしていることを知りたいと願い、それに耳を傾ける準備ができています」というメッセージを伝えます。そして、その感情を十分に受け取ることに、心を開きます。

7　記憶の中で大人の見方をする

準備ができたと感じたら、記憶の中の当事者としての見方から抜け出して、大人の自分の見方に入りましょう。言い換えるなら、受身的に記憶を見るのではなく、能動的なビジュアライゼーションを行なうということです。

8　子どもの感情を認める

その場面にいる子どもの自分を慰め、愛情を示し、無条件で一緒にいてあげます。その時、子どもの感情を十分に認めてください。子どもに対して、彼らが感じるままに感じてもよく、そうしても大丈夫だというメッセージを与えるのです。もしそうするのは難しいと感じたら、安全な避難所から安心して頼れる人をその場に連れてきて、子どもの自分にそのメッセージを伝えてもらいましょう。

9 子どもが安堵するのを待つ

その場面にいる子どもの自分が、自然に安堵するのを待ちましょう。子どもの自分は、あなたが彼らのためにいつもそこにいると約束してほしいだけかもしれない、と覚えていてください。

10 分裂した他の側面を呼び戻す

その場面にいる分裂した自分の他の側面を〝呼び戻し〟、愛を込めて、中核となる子どもの自分に統合します。そうすれば、私たちは一人の子どもに取り組むことができるようになるでしょう。

11 記憶の中にいる子どものニーズを満たす

子どもが認めてもらったと感じ、感情的に前に進む準備ができた時、私たちは、目の前の状況に対する解決策を見つけるために行動を起こします。ここで、創造性や個性が重要になります。私たちは、どのニーズが満たされていないかを見つけ出さなければなりません。子どもの自分がよい気分になるようなことを言ってあげましょう。子ども時代の自分のために立ち上がるのです。状況を変えるのに必要なことを提案し、子どもからも提案してもらいましょう。でも、最終的には、自分自身（あるいは、プロセスをしている人）を信頼してください。何にもまして、子どもの自分が望み、必要としていることを知るには、子どもの自分を信頼することが大切です。

12　記憶に留まるか、避難所へ行くかの選択肢を与える

記憶の中の状況を変える行動を取った結果として、安堵感が出てきたら、私たちは、子どもに対して、記憶あるいはビジュアライゼーションの中に留まるか、安心できる避難所へ行くかという選択肢を与えます。

13　統合の完了状態をチェックする

もし子どもがそこに留まることを選択したら、なぜそうしたいのかを尋ねましょう。そして、適切な方法で反応し、もし必要なら、プロセスを終える前に、ステップ10からステップ12までを繰り返してください。ステップを繰り返しながら、子どもの別の分裂部分が記憶の中で動きが取れずにいないかを再び調べます。もし見つけたら、それを一人の子どもである自分と一体化してもう一度同じ質問をします。子どもが自分にとって正しいことを知っていると信頼し、記憶の状況の中で、子どものニーズをすべて叶えてあげましょう。もし、子どもが誰かに残ってほしいと言ったら、自分自身の一つの側面、あるいは自分が安心して頼れる人を子どもの自分のところに残していきます。もし子どもが安全な避難所へ行くことを選択したら、子どもを連れていってあげましょう。

14 子どもが安全な避難所に入ったら、記憶を閉じる

子どもが安全な避難所に入ると、子どもが抜け出した記憶は閉じてしまいます（風船のように収縮するか、破裂します）。

15 浄化と癒やしの儀式をする

子ども（あるいは、子どもたち）を「癒やしの水」の中に入れ、安全な避難所へ入るための浄化と癒やしの儀式として、沐浴させます。子どもにその水を飲ませましょう。この儀式は、記憶に残っている前の人生を終えて、安全な避難所で新しい人生を始めることを象徴的に示すものです。

16 安全な避難所で子どものニーズを満たす

安全な避難所という状況で、子どものニーズと欲求が満たされます。ただし、満たされる度合いは、プロセスを行なっている人が統合の完了をどれくらい感じているかによって変わります。

17 留まるか、融合するかの選択肢を与える

子どもは、安全な避難所に残るか、大人の見方に再び融合するかという選択肢を与えられます。

もし子どもがそのまま残ることを選んだら、愛を込めて、その選択を受け入れ、支持してあげましょう。もし大人の見方と融合することを選んだら、パズルの一片がもとの場所に戻るように、その子どもが大人の私たちと一つになる様子をイメージしてください。

18　今という時間の視野に戻す

少なくとも2、3回深呼吸をして、自分の意識を現実の時間に戻しましょう。そして、自分の周囲にある刺激や新しい統合レベル、そして今ここにいるという感覚に慣れるための時間を取ってください。プロセスから出てきた時、自分の感じ方とともにいる必要があります。私たちの身体は、たった今起こった統合を整理する必要があるのです。

第6章

ステップ1〜6
安全な避難所を作り、記憶にアクセスする

過去のトラウマが、自分の奥深くに埋もれている時、私たちはその存在に気づいていないかもしれません。けれど、日々の生活で、埋もれているトラウマが、感情的な反応としてあらわれるのを経験しています。これらの反応は苦痛ですから、私たちはもともとのトラウマを経験した時と同じように振る舞うことでしょう。つまり、少しでも気分がよくなるように、自分の感じているものから逃れるために何でもしようとするのです。でも、そうすれば、自分自身から逃げ、自分の本当の感情に向き合うことを避けながら生きるようになってしまいます。

「完了プロセス」を始めると、私たちは、現状を脱するための唯一の道が自分の内側にあると信じて進むことになります。そして、まず足場を構築し、その上にプロセスの残りの部分を積み上げていきます。それから、自分のフィーリングの反応を用いて、それとつながっている記憶を見

つけ出し、自分から進んで再び体験するという実践を始めるのです。私たちは、自分自身と完全に、そして無条件に一緒にいるやり方を学びます。

これから六つのステップについて紹介しますが、各ステップの重要性とその進め方について理解できるように詳しい情報を載せました。すでに述べましたが、実際に「完了プロセス」を始める前に、第6章から第8章のすべてのステップに必ず目を通してください。そうすれば、始める時に、注意すべきことがわかるはずです。

❖ステップ1：安全な避難所を作る

最初のステップは、マインドの中に、安全な避難所と〝安心して頼れる人〟を作ります。地球上のかなり多くの人が安全だと感じていないので、このステップは非常に重要です。これからさまざまなトラウマの記憶に取り組むことを考えれば、特にそう言えるでしょう。

マインドの中に安全な避難所を作ることで、「完了プロセス」を行なっている最中に、自分がコントロールでき、好きな時に訪問できる場所ができます。その安全な場所に他の要因を加えたかったり、まったく新しい場所を作りたいと思わない限り、これは一度作ればいいだけです。もしすでに、安全な避難所を持っているようなら、「完了プロセス」のステップ2から始めてもよいでしょう。

安全な避難所は、「完了プロセス」の基盤となるもので、記憶を想起していくための安定した〝ベースキャンプ〟になります。このような安心できる場所を作るのは大切なことです。そうすれば、私たちの記憶から呼び戻そうとしている失われた自分の側面が確実に戻ってくるでしょう。

マインドの中に安全な避難所を作ることで、物質世界で私たちを支配し、制限している物理的な法則を超えることができます。たとえば、腕の切り傷は、治るのにたいてい2週間かかりますが、安全な避難所で特別な軟膏を塗ると瞬く間に治るでしょう。無力の状態を癒やす時、このような魔法の思考が重大な意味を持つのです。あなたは、トラウマを経験している子どもが、ほとんどいつもある程度の無力感を抱いているとわかるはずです。ですから、何でも可能という思考を経験できるようになるだけで、それがその子どもにとっての癒やしになるのです。

安全な避難所を作る時、これはきわめて個人的な場所であることを覚えていてください。ですから、正しい作り方とか、間違った作り方というのはありません。自分のマインドに、もっとも気持ちのいいものはどんなものかを示してもらうだけでいいのです。私は、明確な理由で、これから説明する安全な避難所を作るプロセスを考案しました。ただし、あなたのニーズや、あなたが助けている人のニーズに従って、そのプロセスを変えてかまいません。

たとえば、私は誰かと「完了プロセス」を行なう時、トンネルの中を進み、安全な避難所へ到着するイメージを持つようにと言っています。それは、記憶と安全な避難所の間に、必要不可欠な真実味のある精神的分離を作り出します。でも、クライアントが戦争を体験していたり、トンネルや洞窟でのネガティブな体験があるようなら、トンネルを通るイメージはネガティブな連想を促し、私たちが願っている安全な感覚を打ち消してしまうでしょう。ですから、あなた自身や手助けしている人が、あるイメージに対してデリケートだとわかったら、十分に安全だと感じられるような入り口や避難所を作ってください。

安全な避難所で私が取り入れたいもう一つの要素は、水の性質を持つものです。そこで、子どもが水による癒やしと浄化を経験します。でも、もし水が安全でないと感じさせるものなら、もちろん、他のものに変えてもかまいません。

できれば誰かに一つひとつ説明してもらいながら、自分の安全な避難所を作るのがよいでしょう。そうすれば、あなたの集中が途切れることもなくなるからです。あなたの友人、あるいはプラクティショナーにこれから紹介する誘導瞑想を読んでもらうか、あるいは、あなた自身がゆっくり読んで録音し、それを再生してください。この誘導瞑想は、他の人を手助けする際に、私が用いているものです。あなたの安全な避難所を作るための指針にしてください。

安全な避難所を作る誘導瞑想

「完了プロセス」の最初のステップを始める時は、椅子に座るか、ベッドあるいは床の上に仰向けになって、できるだけ快適な姿勢をとりましょう。静かに両目を閉じてください。身体を大地に預けましょう。数回深呼吸をしながら、息を吐くたびに、少しずつ手放していきます。では、呼吸を自然なリズムに戻してください。身体や心が緊張しているのに気づいたら、ゆっくり手放しましょう。

あなたは、一本の小道を歩いています。どういうわけか、あなたはその小道に引き寄せられました。それは、あなたが安らぎと安全を経験できる聖なる場所へと続いています。自分の足元を見てみてください。あなたはどんな道を歩いていますか？　それは何からできていますか？　石ですか、それとも木材ですか？　それは、別の銀河系へと続いていますか、それとも別の次元へ続いているでしょうか？　もしかすると、その道は、まだこの世で知られていない材料からできているかもしれません。そこには、花びらや貝殻のようなものが散らばっていませんか？　それは狭い道ですか、それとも広い道ですか？　心の中でその道を眺めたり、感じたりしてみましょう。

その道を歩きながら、伸びやかでリラックスした呼吸をしてください。自分の不安やストレスやプレッシャーが消えていくのを感じましょう。それらがあなたを追ってくることはもうありません。行く手に、あなただけに見える秘密の入り口があるのに気づきましたか？　この入り口は、あなたのための安全な避難所へと続くドアです。そのドアは、どのように隠されていますか？ひょっとすると、ツタの葉に覆われた木製のドアかもしれません。あなたが魔法の言葉をかけると、開いたり閉じたりします。それは、雪の中にある洞窟の入り口かもしれません。この独特な秘密のドアを想像したり、あるいは感じたりしてください。それは、あなたが近づくにつれて、あなたにだけその姿を明らかにするでしょう。そうしたら、そのドアをくぐってください。

あなたの目が光に慣れてくると、自分が秘密のトンネルの中を歩いていたり、そこに引き寄せられていたりすることに気づくでしょう。このトンネルはどのようなものに見えますか？　それは時空のトンネルのようですか？　それとも海中にある洞窟のようですか？　それは土と石でできていますか？　トンネルの壁はどのようなものでしょうか？　美しく、異国情緒あふれた花で覆われていますか？ トンネルは鉄製ですか？ それとも合成材料からできていますか？ あるいは、渦巻くエネルギーからなるトンネルですか？ あなたの安全で聖なる場所へと導いてくれる、秘密の神聖なトンネルをただ体験してみましょう。

あなたはトンネルの中を進み続け、突然、自分の完璧な聖域を初めて目にします。その中に足を踏み入れると、あなたの後ろでトンネルが閉じられ、誰もあなたのあとをつけてこられないようになります。マインドによって作られた空間の中には、どんな限界も存在しません。あなたの魂が望むだけリアルなものにしたり、想像的なものにすることができます。そこは、地球上のどこかのようかもしれませんし、ＳＦや空想小説に出てくる場所のようかもしれません。

安全な避難所が目の前に出現した時、あなたは山や海辺にいるかもしれないでしょう。もしかすると、空間に浮かぶ石鹼の泡の中や花や晶洞の中にいて、そこから地球を眺めているかもしれません。また、森の中や海のサンゴ礁の中にいたり、大きくうねる雲の中にいるかもしれません。あなたの安全な避難所は、別の次元や、他の銀河系や惑星にあるかもしれません。そこは、あなたがもっともくつろぐことができ、もっとも安全で、もっとも自由だと感じられる場所なのです。

では、自分の周囲を見渡してください。何が見えるでしょうか？ 鳥や木が見えますか？ 魚や他の動物はどうでしょうか？　もし屋外にいるようなら、そこのお天気はどうですか？　少し時間を取って、あなたの安全な避難所にあるすべてのものに気づいてください。

その安全な避難所で何か聞こえませんか？　風が木の葉をカサカサ鳴らす音ですか？　美しい歌声ですか？　波がぶつかり合う音ですか？　あるいは、完全な沈黙ですか？　少し時間を取って、あなたの安全な避難所を満たしている音に気づきましょう。

ここではどんな匂いがしますか？　海の泡の匂いですか？　それとも、ジメジメした土壌の匂いですか？　オーブンでパンやクッキーを焼いている匂いですか？　夏の雨の匂いがしませんか？　これまで嗅いだことのないこの世のものとは思えない匂いでしょうか？　少し時間を取って、あなたの安全な避難所に漂っている匂いに気づきましょう。

では、この安全な避難所で、あなたの住まいを作りましょう。その住まいをデザインし、建設するのはあなたなので、どのようなところであってほしいのか自分自身で決めることができます。宮殿やツリーハウス、修道院やシンプルな小屋のようなものをデザインしてもかまいません。その家の中には、子どもの自分が横になったり、眠ったりできるベッドがあります。ベッドは通常のものであったり、巣や砦のようなものかもしれません。あなたにとって一番心地よいと感じるベッドをデザインしてください。それが現実のものであろうと、想像上のものであろうと、あなたが強く望んでいる家やベッドを作りましょう。

もし部屋を作ったとしたら、そこには窓がありますか？ その窓から何が見えるでしょうか？ あなたの家を飾りつけてもかまいません。もしかすると、あなたはシンプルで自然なままにしておきたいかもしれません。太陽の光線や花々、特別な石やクリスタルや貝殻で飾りたいかもしれません。その部屋で横になりたければ、手織りのラグが必要でしょう。あなたはどんな材料を選びましたか？ 誰がそれを作りましたか？ あなたが好きな装飾を自由に選んでください。

では、安全な避難所のどこかにある、水に関連したものを見てください。それは、海あるいは噴水、小川や湖かもしれません。また、浴槽あるいはシャワーかもしれません。この水は特別な水だと想像してください。それは魔法の水です。それに触れると、何でもすぐに癒やされます。その水が光の中で輝いている様子を見てください。その水は何色ですか？ 透明ですか？ それとも不透明あるいは虹色ですか？ 青緑色や紫色や黄金色かもしれません。子どものあなたが安全な避難所へやってきたら、ここで子どもを沐浴させ、癒やしてあげましょう。

この安全な避難所には、あなたと避難所を守ってくれる強くて優しい愛に満ちた存在あるいは人物がいます。あなたの避難所は、この存在や人物が住む場所なのです。この安心して頼れる人は、素晴らしい人物で、どんなものに出会っても、愛を込めてあなたを助けてくれます。この存在あるいは人物は誰でしょうか？　それはあなたがかつて読んだ小説の登場人物ですか？　それとも、想像上の人物ですか？　イエス・キリストやブッダのような尊敬する人物ですか？　亡くなった祖母のように、あなたの知っている信頼できる人ですか？　それは、天使や善意のある地球外生物ですか？　ひょっとすると、あなたの大好きなスーパーヒーローですか？　彼あるいは彼女の名前は何でしょうか？　少し時間を取って、この特別な存在と知り合いになりましょう。あなたの安全な避難所に住んでいるこの特別な存在は、あなたが望んだり、必要としたりした時は、いつでもそばにいることを知ってください。

のびのびと、楽な呼吸をしながら、静かで安全な避難所を見渡して、何か付け加えたいものがないか考えましょう。たとえば、そこに動物（実在する動物、あるいは、空想上の動物）を連れてきたいと思うかもしれません。何によってこの安全な避難所がさらに完璧になるかを考え、実際にその場面に加えてください。

では、この安らぎの空間に、あなたが座ったり、横になったりできる場所があると想像してください。そこで、あなたは深いくつろぎや安心感を感じることができます。それは、椅子ですか？　ベッドですか？　それともハンモックですか？　それは滑らかな岩ですか？　玉座のようですか？　それとも崖の上ですか？　それはどのように見えますか？　どんな色合いですか？　どんな材料からできていますか？

どのようなくつろぎの場所を考えたのであろうと、その場所に座ってください。どこで休んでいるのだとしても、この聖なる場所が与えてくれる静かな安らぎによって、緊張感やストレスがだんだん消えていくのを感じましょう。ここは、あなたが望む時にやってきて、いつでも安らぎを感じられる場所です。さらに、あなたが子どもの自分を呼び出し、その子どもが抱きしめてもらいたいとか、あなたの膝で眠りたいと思っていたなら、そうしてあげることができる場所です。

しばらくそこで過ごしながら、この完璧な場所を観察して、そこで聞こえる音に耳を傾けてください。どんな香りや匂いがするか、どんな印象がするか感じてください。あなたの心の中で、この想像上の場所を、魅惑的で信じられないくらい完璧な場所にしてください。

日常生活に再び戻る準備ができたと感じたら、ゆっくり立ち上がり、あなたの安全な避難所から立ち去るのをイメージしましょう。あなたという存在、シグナル、コード、特別な言葉の復唱に反応して、あなたのためだけに開かれたドアを通って戻ります。ここにやってくる時はいつでも、あなただけのシグナルやコードを使うのです。少し時間を取って、あなただけがこの安全な避難所へ入るための特別なやり方を覚えましょう。

この安全な避難所を振り返り、いつでも好きな時に戻ってこられることを知ってください。ここでは、いつも十分に満たされ、心から安全だと感じ、ストレスもありません。あなたは、この聖なる場所を好きなように変えたり、何でも加えたりできるのです。

［この時点で、あなたは「完了プロセス」の次の部分、すなわちステップ2へ進みます。あるいは、今すぐ現在の意識に戻りたければ、このままビジュアライゼーションの残り部分を行ないましょう。］

安全な避難所への訪問を終えたら、秘密のドアのほうを向いて、再び開いたトンネルへと戻りましょう。そして、この場所へと導いてくれた道を歩いていってください。

数回深呼吸をして、自分が戻る準備ができたかどうかを決めてください。もし準備ができているようなら、ベッドに横になっているか、椅子に座っているあなたの身体の感覚に注意を向けましょう。自分が大地としっかりつながっているのを感じてください。身体の呼吸の動きに注意を払い、徐々にあなたの気づきを外側へと向けていき、部屋で聞こえる音に耳を傾け、皮膚に触れる空気を感じましょう。準備ができたら、ゆっくりと目を開いて、今という現実へと戻ってください。

避難所の飾りつけ

私たちは、「完了プロセス」を進めながら、自分が安全な避難所の様子を変えたり、そこに何かを足したりしているのに気づくかもしれません。これはごく普通のことです。子どもの自分がそこにやってくると、子どもの願望や好みがあるので、この場所にかなり多くのものが付け加えられます。

たとえば、子どもの自分の一部は、砂場がほしいと思うかもしれません。そうすると、砂場が安全な避難所の一部になります。子どもの自分の別の一部が、ユニコーンの遊び相手を望んでいると、ユニコーンが安全な避難所に加えられます。子どものために住む家を変えたり、自分の子ども時代にふさわしい家をもう一軒立てようと決心することもあります。さらに、愛する親類たちに、その場所にいてほしいと思うかもしれません。

あなたの安全な避難所をもっとよくするのに何の制限もありません。ですから、そこはあなただけの聖なるパラダイスになるでしょう。あなたにとって最善のものになるように十分な時間をかけてください。

❖ステップ２：感情のヴィパッサナー瞑想をする

では、感情のヴィパッサナー瞑想を行ないましょう。強い不快な感情やフィーリングを経験したら、いつでも目を閉じて、そのフィーリングの中へ深く入っていきましょう。そうしながら、その不快なフィーリングの持つ独特な感覚に慣れ親しんでください。無条件に、その感情とともにいて、何一つ変えようとせず、ただそれを十分に経験したり、観察したりしてください。しばらくしたら、そのフィーリングに名前をつけられるか見てみましょう。もし何らかの思いが出現したら、客観的にそれを観察してください。マインドに泡があらわれてきたように、そのままにしておきます。際立ったフィーリングの有無にかかわらず、いつでもこのステップを行なうことができます。ただ、強烈な感情が存在している時に行なうほうが容易でインパクトも強いでしょう。ステップ２と３は、「完了プロセス」全体の中で、もっとも重要な部分です。もし他の部分をしなかったとしても、この部分だけでも十分でしょう。というのも、これが、感情的な統合を促すステップだからです。

では、このステップがどのように働くかをお話ししましょう。普通の人は、感情的な痛みを感じ始めた時、潜在意識の中で、その痛みは自分を傷つけようとしていると解釈します。私たちは、自分の苦痛に勝ち目がないように感じるものなのです。もし感情的な痛みが人生で慢性的なものになっていれば、この潜在意識の解釈によって、一種の生き地獄へと導かれていることでしょう。感情的な痛みが私たちを傷つけようとしていると考えれば、自分の中に敵がいるように感じ始めます。まるで、自分の一側面が自分に敵対し破滅させようとしている、というようにです。しかも、それは自分の内側に存在するので、私たちはそれから逃れることができません。

今この瞬間から、感情的な痛みに対して異なる見方をしたほうがよいでしょう。つまり、それが私たちを傷つけようとしていると考えるのではなく、私たちの助けを必死に求めていると考えるのです。私たちの痛みは、どうすれば自分がいい気分になれるのかわからない子どものようなものだ、という見方をする必要があります。それは、私たちにお世話をしてもらうために、私たちの注意を得ようとしているだけなのです。その子どもをお世話するために、私たちはまずその子どもを抱きしめて、その子どもが伝えようとしていることに耳を傾けなければなりません。

言い換えるなら、私たちの感情はメッセンジャーのようなものです。私たちは感情の痛みを抱きしめて、それが言おうとしていることに耳を傾けなければなりません。そのフィーリングを認め、それに耳を傾け、それを経験し、完全にそれとともにいることによって、私たち自身の失われた側面は、再び私たちと一つになることを許されるのです。さらに、感情的な痛みが、私たちに伝えようとしているメッセージも受け取ります。

このステップをすることで、努力せずとも悟りや洞察がやってくることが多いのは、このような理由からです。このステップで何が起こっているかをはっきり理解するために、次のようなイメージをしてみてください。あなたは家の中にいて、子どもの自分が中へ入りたいとドアの外で泣いています。あなたは、中に入りたがっている子どもの必死な思いを無視することもできれば、ドアを開けて、その子どもを中へ入れてあげることもできるでしょう。

自分の感情へと近づいていき、それに対して心を開くことで感情を経験した時、あなたは、子どもの自分があなたと再び一つになれるようにドアを開いているのです。そのようにして、子どもの自分があなたと完全に統合されます。

ですから、このステップの最中、あなたは自分を追いかけてくる竜巻から逃げるのをやめて、その中心に向かって走っていくのです。あなたが自分から進んで感じようとする気持ちを持てば、やがて自分の感情を恐れることはなくなるでしょう。これが、長続きする真の安らぎの始まりです。そこから、よいことがたくさん起こってきます。あなたはもう、自分のネガティブな感情をコントロールしたり、避けようとしたりする必要性を感じないでしょう。そのために薬を飲む必要もなくなります。

あなたの感情は、あなたが誰であるかを真に表現したものです。自分の感じているものから逃げようとしているなら、抱きしめてもらいたい、食べさせてもらいたいと泣いている子どもから逃げている親と同じことを自分自身に対して行なっています。

このステップが重要なのは、もし自分が強い感情を抱いたら、そのように感じる十分な理由があるに違いないと考えるようになるからです。言い換えれば、私たちが強烈な感情を経験するのには、もっともな理由があるということです。今日の世界では、この瞬間における自分自身の真実から逃げる道がたくさんあります。けれど、その逃げ道のすべてが行き止まりであると、すぐにわかるでしょう。自分は目指すゴールに永遠にたどり着けないと気づくまで、あなたは走って、走って、走り続けるのです。実のところ、あなたをひどく苦しめているのは、逃げ出そうとしていること自体です。

不快な感情に直面して、急いで乗り越えようとするのではなく、自分に対して無条件の注目を与え、ただそれとともにいることによって、あなたは子どもの時に得られなかった無条件の愛を自分自身に与えられます。これが本当の癒やしです。無条件で、心からの注目を与えること以上に、癒やしとなるものはこの世に存在しません。

強烈な身体的感覚

このステップに取り組んでいる最中、とても強い身体的な感覚があったとしても驚かないでください。あなたの意識のある側面が再び統合すると、それは麻薬を注射した時とさほど変わらないくらい劇的な感覚を引き起こすことがあります。身体全体が疼くような感じがしたり、自分が拡張あるいは収縮する感じがしたり、皮膚が燃えているように感じたりするかもしれません。触覚性幻覚や小人幻覚（周りのものがとても小さく見えたり大きく見えたりする）や方向感覚の喪失が起こることもあるでしょう。

このような感じがするのは珍しくないと理解すれば、乗り切れるはずです。むしろ、「完了プロセス」の最中にこれが起こったら、とてもよいサインです。それは、今ここで、その感情を自分の残りの部分に統合しているという意味だからです。ちょうど、パズルの一片が、もとの正しい場所にぴったりはまりつつある状況なのです。

私がおすすめするのは、このような強烈な感覚の中で呼吸を続け、起こることに身を任せるということです。フィーリングに意識を集中していると、それが強烈になることがあります。他方、自分が感じているものとただ一緒にいようとすると、安堵感が得られることもあります。表面上に何があらわれてこようと、ただあらわれるままにしていてください。何かが変わろうとも、変わるままにしていてください。

ときどき、このようなワークをした結果として、何も感じなくなる人がいます。まるで、感情に注目したことで、感情を追い払ってしまったかのようにです。けれど、現実には、感情は消え去ってなどいません。また、眠りに落ちてしまう人もいます。もしそうなったら、それはその人の中にある防衛メカニズムのせいです。防衛メカニズムは無意識のものです。私たちは、あまりにも苦しく、しかもそれに対して何もできない時には、自分が感じていることに気づかなくなったり、無意識になったりすることで、それに対処することがあるのです。もしこのことを経験したなら、他の反応に対するのと同じように対処してください。つまり、無意識な状態の自分とただ一緒にいてください。あなたは、その中へと身を沈めていき、その底まで到達する必要があるでしょう。

言い換えるなら、何も感じないこともあなたの感情なので、愛を込めて無条件にそれを経験してあげてください。もし眠ってしまったら、そのまま眠っていましょう。もしフィーリングがなくなってしまって、絶望的になったり、イライラしたら、その絶望感やイライラを十分に経験してください。あらゆる経験やフィーリングを歓迎してください。なぜなら、そのようにすることで自分を癒やすことができるからです。

絶望感に対処する方法

プロセスのこの段階で、「私にはできない」という思考と、それに続くフィーリングがやってくるかもしれません。これは単に、あなたがずっと昔に感じた絶望感の表出にすぎないことに気づきましょう。人々が影の部分とのワークで苦労している時、それはたいてい、統合される必要のある絶望感の層（「この考えは効果がない」と感じているようなこと）があるからです。何が起ころうと、ただそれとともにいてください。このプロセスにゴールはありません。急ぐ必要もありません。これをしている目的は、自分自身、そして、いかなる真実とも、今ここで再び一つになることです。

プロセスのどの時点でも、フィーリングが苦しくて耐えられないようなものになったら、ゆっくり深呼吸することで、その状態を乗り切ることができます。呼吸は、あなたが感情とともにいられるように、あなたの内側にスペースを生み出してくれるでしょう。呼吸をしながら、感情を包み込むイメージをしてください。

このステップの最中、このフィーリングについてのストーリーではなく、その感覚とただ一緒にいてください。たとえば、「私は望まれていないように感じる」というのは、感覚についてのストーリーです。「私は重苦しさやざわめきを感じる」というのはフィーリングです。頭の中のストーリーから抜け出てフィーリングを感じるために、その感情あるいはフィーリングの独特な性質について表現し、それを認め、それに気づくように努めましょう。時には、あなたの内側でいろいろ遊ばせてみて、身体全体に広げる必要があるかもしれません。もっとそれを歓迎して、そのフィーリングに名前がつけられるか見てみましょう。それと十分に慣れ親しんでください。強い感情であればあるほど、容易に行なえるはずです。

もし自分の感情とともにいる結果として、強烈な感情的反応がやってきても驚かないでください。例を挙げれば、こらえきれずに泣き出したり、身体が震えたりすることがあるかもしれません。このような反応はただ起こるままにしておきましょう。それを抑えるようなことはしないように。多くの場合、感情のエネルギーは動かすことが必要です。これは素晴らしい癒やしとなり身体はそれ自身を浄化します。

もし誰かのプロセスを手伝っていて、その相手が泣き始めた時、あなたはその人が心を落ち着けようとしていることに気づくかもしれません。心を落ち着けようとするのは自然なことですが、実際には癒やしを妨げてしまいます。どんな反応がやってこようとそのままにし、自分のフィーリングとともにいるように励ましてあげましょう。

感情の蓋（カバーエモーション）に気づく

このステップで、私たちは、〝感情の蓋〟に気づくことを学びます。感情の蓋とは、深い湖の表面にある氷のようなものです。氷が水を覆っているように、感情の蓋はその下にある別の感情を隠すために存在しています。湖の氷は、あなたが水の中へ落ちないようにしていますが、それと同じように、感情の蓋は、あなたが感情の中へと沈み、それを感じることができないようにしています。感情の蓋は、私たちが低い波動状態にならないように存在している、生まれながらの防衛メカニズムなのです。たいていの場合、憎しみが痛みの感情の蓋で、怒りは恐れの感情の蓋であることが多いようです。そして、自暴自棄は絶望感の感情の蓋です。何も感じなくなるのは、ショックや困惑の感情の蓋です。感情と完全にともにいる時、私たちはより深いレベルの感情とつながることができるでしょう。それは、氷を突き破って、水中の深いところまで落ちていくようなものです。

もし感情の蓋に出会ったように感じたら、「この下には何があるのだろうか?」と自問してみてください。もし誰かのプロセスを手伝っているなら、その人に対して、「このフィーリングの下にあるのは何ですか? そこに、もっと深い感情や苦しい感情がありませんか?」と尋ねてみましょう。このようにして、自分自身、あるいは相手の人に対して、隠喩的に、氷を通り抜けて水中へ深く入っていく補助をすることができます。そうすれば、その人は、本当の感情の原因へと近づくことができるでしょう。本当の感情とは、感情の蓋があなたを救おうとしているものに他なりません。

もしこの部分で特に抵抗を感じたり、その感情にもっと深く入っていくのは無理だと感じたりしたら、「私はこのフィーリングに直面する準備ができているだろうか?」と自問する必要があるでしょう。この質問によって、私たちは選択できる立場になり、選択することには自由が存在します。

たいていの場合、私たちがもっとも抵抗している感情は、無力感です。無力感とともにいるかどうかを選択するということ自体が、あなたに力を与えてくれるでしょう。正直なところ、癒やしに必要なのは、自分には選択権があると認めることだけと言ってもいいくらいです。

このような理由から、私たちは、それが何であるかにかかわらず、その答えに敬意を示さなければなりません。自分がやりたくないことをする必要はありません。怖さを感じてやりたくないと思うことをするのと、怖さを感じるけれど本当にやりたいことをするのでは、大きな違いがあります。私たちは後者だけをすべきです。

ですから、もし誰かの「完了プロセス」を手助けしているなら、その人自身に選ばせなければなりません。その人に自分の人生の舵を取らせるということです。これが、永続的な癒やしを可能にする唯一の方法です。たとえ、あなたが一緒にいると安心させても、その人の準備ができておらず、フィーリングを感じたくないと思っていれば、その感情の中へ入らなくてもいいという許可を与えなければなりません。そのような場合には、その結果として起こる感情とともにいることができるようにサポートしてあげましょう。

特に、選択権を得た結果として、その人がエンパワーメントのフィーリングを感じられるように助ける必要があります。その感情から引き離されたけれど、本当は一緒にいる準備ができていると感じたなら、自分をその感情から引き離したものが何であれ、それから分離させられた自分自身を見たり、感じたり、聞いたりしているのを想像してください。たとえば、あなたがプロセスを実践しているなら、自分のマインドがロープか紐で、あなたをその感情から引き離そうとしているのを思い浮かべましょう。それから、あなたを救うためにそうしているマインドに、感謝の気持ちを持ちつつ、愛を込めて、そのロープか紐を断ち切ってください。そうすれば、あなたはマインドから切り離され、感情の中へと落ちていきます。

✣ステップ3：現在のフィーリングを認める

このステップで、私たちは、自分の感情あるいはフィーリングに対して、「私は、自分の感情やフィーリングと完全に一緒にいて、それが根拠のあるものだと認め、それを大切に思っており、それが言おうとしていることを知りたいと願い、それを聞く準備ができています。そして、それを十分に受け取ることに心を開いています」というメッセージを伝えます。これは、私たちが子ども時代に得られなかった自分の感情に対する承認です。そして、私たちが与えてもらえなかった無条件の愛に他なりません。おそらく、私たちの人生にいた人たちが、その与え方を知らなかったのでしょう。私たちは、それを人生でずっとほしいと思っていたのです。感情の承認という贈り物を自分自身に与えることで、あなたの人生は変わっていくでしょう。

このステップは、自暴自棄になることとは正反対です。ここでは、強烈な感情やフィーリングが、それと付随している記憶をあなたに提供できるようにします。つまり、あなたの潜在意識を安心させ、そのフィーリングの原因をあなたの顕在意識に提供しても大丈夫だと思わせるのです。

このステップの最中に、肯定的なアファメーションを使ってもかまいません。それは、自分の感情をもっともなものだと認め、自分という存在を信頼し、自分が提供する承認を心から受け入れるのに役立つでしょう。あなたにとって説得力のあるものなら、どんなアファメーションでも大丈夫です。

次に、自分自身に対して繰り返したり、声に出して言ったりするアファメーションの例を挙げましょう。

- 私は今この瞬間、完全にあなたとともにいます。
- 私はこの件について、あなたの味方です。
- 私はたとえ何があろうと、あなたのそばにいます。

- 私は心を開いて、これを感じる準備ができています。
- 私は心を開いて、あなたが私に見せたいと思っているもの、あるいは見せる必要があるものは何でも喜んで受け取ります。
- 私は無条件に、これを感じることを選択します。
- 私はこのフィーリングを歓迎します。

基本的に、このような初歩的レベルの感情の承認に役立つなら、どんなアファメーションでも言う価値があるでしょう。なぜなら、あなたが落ち着いて集中する助けになるからです。フィーリングは偽りないもので、それには存在理由と意味があり、あなたの一部でもあるのです。あなたにとって、自分のフィーリングの価値を認めることが重要なのは、そのような理由からです。

❖ステップ4：記憶を表面に浮かび上がらせる

このステップでは、あなたをそのフィーリングの起源、あるいは原因につなげているロープとして、〝フィーリングの趣〟を使うことにします。「このフィーリングを初めて感じたのはいつですか？」と、自問してみてください。頭の中で答えを追い求めるのではなく、深海から泡が浮き上がってくるように、あなたという存在の深みから答えがあらわれてくるのを待ちましょう。

私たちは、過去の中で凍りついている自分の一側面を統合するために、すべての記憶を再体験する必要はありません。ただフィーリングとともにいるだけで、その記憶に付随した強烈な感情を統合できることもあります。それは、唯一の凍りついている部分だったかもしれません。実際の記憶は、決して表面に出てきません。もし感情の統合だけが必要なのであれば、具体的な記憶が蘇る可能性は少ないでしょう。

もし実際の記憶に気づいたなら、それを心の中で経験し、それと触れ合うことで、そこから知恵を得ることになっていたということです。言い換えれば、その記憶を自覚することが、現在の成長の糧となるのです。マインドと感情の両方が、癒やしと統合を必要としているというのはよくあることです。このような場合、「これとまったく同じフィーリングを初めて感じたのはいつですか？」という質問をした結果として、記憶が浮上してきます。もう一つのやり方は、フィーリングが別の存在であるかのように、「私があなたを初めて感じたのはいつですか？」と尋ねることです。

私たちは、記憶に関して狭い見方をしているということを覚えていてください。日々の生活で視覚的な側面にあまりにも頼りすぎているせいで、いろいろな種類の記憶が存在することを忘れているのです。私たちの身体は、感覚や匂い、音やフィーリングを覚えています。ですから、あなたが何かを〝見なかった〟からと言って、記憶を取り戻せないということではありません。さらに、幼い頃、私たちは考えるよりも感じる存在だったので、もっとも初期の記憶には、感情や感覚だけからなるものもあります。

たとえば、妊娠を望んでいなかった母親の子宮内での記憶を思い出した人は、たいてい何も見えないでしょう。その代わりに、身動きできず、望まれていないという強烈なフィーリングを感じるかもしれません。

なぜ自分がそんな感じ方をするのか理解したいと思うと、このプロセスを急いで進めたくなるでしょう。心の中でその記憶を探そうとするかもしれませんが、そうすれば、横道にそれてしまいます。むしろ、自分の身体の内側に映画館のスクリーンがあり、その後部座席に座っていると思ってみてください。くつろいで待ち、自然に映像が流れてきたらそれを見て、ただ感じましょう。それはイメージや匂い、味やフィーリングとしてあらわれるかもしれないことを忘れないでください。どんな記憶が浮かび上がってこようと、それがいかに断片的なものに思えようと、それとワークしてください。たとえ、あなたがまったく予期していなかったものがあらわれたとしてもです。

あなたという存在は、何が統合を必要としているか知っていると信じて、予期せぬ驚きにも心を開いていましょう。もし、自分が思い出しているものの現実性や真実性に疑いを感じたなら、一旦その考えは脇に置いて、次にやってくるものに心を開いていてください。この時点では、それが真実かどうか、本物かどうかということはあまり重要ではありません。重要なのは、あなたという存在が必要だと感じるやり方で再統合しようとしていることです。

かなり時間が経っても何の記憶も浮かび上がってこなければ、今その場で起こっている感覚ともう少しだけ一緒にいてください。それから徐々に現在の瞬間に戻りたいか、あるいはインナーチャイルドのビジュアライゼーションをしたいかを決めましょう。

もしビジュアライゼーションをしたければ、自分のインナーチャイルド（直感的に見た年齢が何歳であっても）が目の前に立つか座っていて、あなたがたった今経験しているのとまったく同じ感情を抱いているとイメージしてください。それから、目の前にいるインナーチャイルドに関して、「完了プロセス」のステップ８以降の部分を行ないましょう。

他の人よりも、もっと深い所に記憶が埋もれている人たちもいます。ですから、何の記憶もあられてこなかったとしても問題ありません。私たちは、自分自身とただ一緒にいて、可能なやり方で再統合するチャンスを提供するだけで、すでに十分手を尽くしているのです。

❖ステップ5：記憶を再体験する

初期の記憶が浮上したら、それがどんな形でやってこようと、その記憶を観察して、体験しましょう。しばらく時間を取って、その記憶に伴う強烈なフィーリングとともにいてください。本質的に、あなたはもともとの記憶を感情的に再体験しているのです。

この時点で、その記憶をあるがままに十分体験してください。これは、より深いレベルでの統合に他なりません。目的は、ステップ2の感情のヴィパッサナー瞑想を次のレベルへと進めることです。自分のインナーチャイルドに対して、以前に自分自身に与えたような無条件の愛や注目を送りましょう。

このステップを行なっている最中、さらに多くの記憶が自然とやってくることがあります。それはあなたの目の前に姿をあらわし、しかも納得がいくかもしれません。記憶の中にいる時、最初のうちは一人称の視点から見ることはないでしょう。まるで、自分はナレーターか、その場面を見ている観衆であるかのように、出来事を観察しているのです。トラウマ的で、解離を生み出した記憶に対処している場合には、特にその傾向が強いでしょう。

けれど、一人称の視点から見ることは、統合にとって重要です。ですから、もし一人称の視点でなければ、その視点へと見方を移して、その視点から記憶を体験してください。言い換えれば、その場面にいる子どもの自分になるということです。

もし一人称の視点からその記憶に参加することは絶対にできないと感じたら、無理にそうする必要はありません。怖いという気持ちが少なくなるまで待ちましょう。そうすれば、可能になるかもしれません。もしそのフィーリングが起こらなかったとしても大丈夫です。自分自身と、記憶の中にいる子どもの自分との間にある程度の距離をとって、「完了プロセス」の残りの部分へと進んでください。でも、記憶の中で、一人称の視点で立ち会うことができなかったら、後日、準備ができた時、その記憶に戻ってこなければなりません。戻るたびに、自分のより多くの部分を統合するのです。ちょうど、クッキーをひとかじりするのと、一枚まるごと食べてしまう違いのようなものです。

✣ステップ6：記憶の中のフィーリングを認める

ここでは、過去からの感情に、あなたが完全にそれとともにいて、その正当性を認め、それに耳を傾け、言わんとしていることを知りたいと伝えるステップです。このもともとの感情（ステップ5で出てきた感情）からのメッセージを十分に受け取る許可を自分自身に与えてください。

ステップ5と同様に、ステップ6は、トラウマに関係した記憶の作業をする上で、重要な部分になります。トラウマに詳しい人たちは、トラウマによって解離が起こることを知っています。解離した状態とは、その人が自分の経験から切り離されてしまった心理的状態です。

第1章でお伝えしましたが、解離は、私たちが不快な経験を避けるための防衛メカニズムです。それにはマイルドな形態とシビアな形態があります。一番マイルドな解離は、その瞬間にしていることや経験していることに集中できず、空想しているような状態になります。あるいは、感覚を失ってしまうかもしれません。シビアな解離は、現実から完全に切り離されて、自分のアイデンティティの感覚を失ったり、新しいアイデンティティを創造するというような経験をします。

私たち全員がトラウマを経験しており、誰もがある程度の心的外傷後ストレスを経験したことがあるということは、すでにお話ししました。今日では、解離は心的外傷後ストレスの症状だというのが共通の認識になっています。でも、真実は正反対なのです。実のところ、解離は心的外傷後ストレスの原因に他なりません。

意識は、それ自体を分割することができます。私たちの住む宇宙で、生涯にわたり自分自身を一人の人間と認識している唯一の理由は、学びという目的のためです。この考えは、第4章で時間について学んだ時に、簡単に説明しました。つまり、私たちが自分のことを有限である唯一の存在だと認識していたとしても、それは幻想だということです。

前章でお話ししましたが、川が分岐して小川ができるのと同じように、私たちの意識も分裂します。人がトラウマの瞬間に解離した時、まさに川の分岐のようなことが意識の中で起こっているのです。その人の一部は前へと進みますが、別の一部は分裂して、トラウマの瞬間にとどまったままになります。というのは、ある出来事を〝体験できない〟と感じたからです。そして、あなたのその側面は、時間の中で凍結してしまいます。途中でスキップするCDのように、解離した部分は、その瞬間から前へ進むことはなく、無意識の中で何度もその同じ部分を繰り返します。

解離が起こると、私たちは自分に対して、現在起こっていることを経験するのは許しません。

これは、その瞬間には役立つかもしれません。なぜなら、精神、感情、あるいは身体のいずれかの面で、あるいは、三つすべての面において、生き延びることに全エネルギーを集中できるからです。トラウマの最中に意識が分裂するので、あなたの脳は、通常の記憶とは異なるやり方で、トラウマの記憶を保存します。つまり、トラウマの記憶は、通常の記憶と同じようには処理されず、現在の生活には統合されないということです。

これが、意識的にトラウマの記憶を思い出すのがとても難しい理由の一つです。何年か経って、私たちが安全だと感じられるようになった時、昔の記憶、特に、記憶と関係する感情が、再統合しようとし始めます。この時に、私たちはフラッシュバックを経験したり、トリガーを感じ始めたりするようになるのです。

全体性を取り戻すために、私たちはトラウマの瞬間に分裂した自分の側面を再統合しなければなりません。そうするために、自分で解離した記憶を経験しなければならないのです。突き詰めれば、自分の一部を解離させたトラウマをもう一度経験するということです。

記憶の再体験

「完了プロセス」のこの部分では、第一人称の視点で記憶を再体験していき、自分の分裂した自己（過去で身動きできなくなった部分）を、現在の自分と再統合して、解決法を見つけられるようにします。これが、ＰＴＳＤを癒やす真の方法です。

あなたがＰＴＳＤでない場合、「これは私とどんな関係があるのだろうか？」と思っていることでしょう。けれど、マイルドな形態の解離というものもあり、それは、その瞬間に解決できないトラウマ的な出来事を経験した時に起こります。いかなる解離も意識を分裂させ、分裂した自己へと導きます。そして、あなたの分裂した一部は、その時から前へと進めなくなります。

たとえば、小さな子どもが、妹か弟の誕生日パーティーで、自分はプレゼントをもらえないと嫉妬したとしましょう。幼すぎて、なぜ自分が除外されたのか理解できなかったのです。これは、その子どもにとってトラウマになるかもしれません。もし自分が嫉妬を感じたことを恥じたとすれば、その子どもは、嫉妬を感じた自分の側面を拒絶（そして抑圧）する方法を見つけなければなりません。つまり、自分のその側面を解離しなければならないということです。しかし、嫉妬を感じた自分のその側面は消え去りません。それは、子どもから解離した瞬間に凍結され、子どもの潜在意識の一部になるのです。そして、引き寄せの法則により、その子どもは、嫉妬を感じた自分を映し出すものを引き寄せるようになるでしょう。

大人に成長した現在も、子どもの自分の投影として、嫉妬を感じさせる状況や出来事を引き寄せます。そのような状況や出来事をきっかけに、統合されていない嫉妬した自己は、それがもともと属していた人に再統合しようとするのです。でも、大人の自分は、この強烈な嫉妬の感情が、実は、自分が覚えていない過去の出来事を映し出しており、幼い頃、誕生日パーティーで解離した自分自身の一部分と関係するなどとは見当もつきません。

その記憶を再び体験することで（今回は、十分に体験します）、その人は、失われていた自分の一部と再統合できるでしょう。これは、強烈な感情やフィーリングと完全に一緒にいて、それがもっとなものであると認め、それを大切にすると約束し、その記憶が知ってほしいと思うことを聞く準備ができており、そうしたいと思っていると伝えることによってなされます。このアプローチは、強烈な感情が最初にあらわれた時に嫌々ながら対処したのとは正反対のものです。

今回は、「完了プロセス」を行なっている大人として、私たちは、自分が心を開いてそれを十分に受け取ることを示します。ずっと昔、解離することで、私たちは自分自身に対して、つらい経験をしている自分とともにいることはできないというメッセージを送りました。生き延びるために、自分は支援を与えられず、自分自身のためにそこにいることはしないというメッセージを無意識のうちに与えたということです。

ステップ６の最中に、私たちが行なう癒やしの行為は、自分自身に正反対のメッセージを与えることです。それは、「私は、自分自身とここにいます。ですから、決して一人ではありません。あなたのこと（子どもの自分のこと）を大切に思っています。あなたの感じ方は重要で、それには根拠があります」という癒やしのメッセージです。

記憶の下にある記憶

記憶は、大人であるあなたや10代の頃のあなたから浮かび上がってくることもあります。このことが起きたら、次のステップへ進む前に、その記憶を使って、もっと深い記憶がないか見てみましょう。10代の頃や大人になってからのイライラさせる記憶が浮かんだ場合、たいていそれは根っこの記憶ではありません。むしろ、それは胎児の時から8歳までの間に起こった根っこの記憶を映し出したものです。

すでにお話しした感情の蓋のことを思い出してください。それはより深いところにあり、もっと痛みを伴う感情を隠すため、あるいは覆うために存在するものです。10代の頃のトラウマ、あるいは大人になってからのトラウマの記憶は単なる投影であり、そこからすべてが始まったものではないという意味で、蓋のようなものなのです。ですから、この記憶にある氷を通り抜けて深く水の中へ潜っていき、もっと深い感情を見つけるようにする必要があります。

このワークをするために、私たちは、第一人称の視点で、子どもの自分と十分に一体化しなければなりません。そして、「これとまったく同じフィーリングを初めて経験したのはいつだったろうか?」ともう一度尋ねるのです。その記憶を使ってさらに初期の記憶へと近づくには、第一人称の視点で、初期のトラウマの投影に立ち会うことが重要です。ですから、初期の記憶により深く入っていこうとする前に、第一人称の視点で10代の記憶あるいは大人になってからの記憶と一つになってください。

初期の記憶が浮上したら、「完了プロセス」の残りの部分を続ける前に、この記憶でステップ5とステップ6を繰り返しましょう。そうせずにいられない感じがしない限りは、投影された記憶に戻る必要はありません。というのは、より深い記憶でその原因を変えることによって、それとつながっているその後の記憶も自然に影響を受けるからです。

もしその後の記憶（8歳以降の記憶）がトラウマ的なものなら、それとつながる初期の記憶に近づく前に、その記憶で「完了プロセス」を最後まで行なう必要があります。時間内に、初期の記憶がやってこなかったとしても、心を開いたままにしていてください。どのような形であらわれようと、その記憶を体験することに完全に心を委ねて、それに対する抵抗を手放すことで解放感や安堵感を得られたら、あなたは次のステップへと進むことができるでしょう。

第7章

ステップ7〜13 感情の承認と安堵感

トラウマ的な経験をすると、私たちは自分に起こったことを克服できず、待機状態のように身動きできなくなります。その時、私たちはその状況の解決法がわからず、無力な感じがしたはずです。そして、その状況を改善する方法はないと思ったので、自分のニーズの多くが満たされませんでした。

しかし、その記憶を再び体験し、それを変えることによって解決できます。私たちは、感情的なニーズを満たし、自分自身を過去から解放できるのです。「完了プロセス」における次の七つのステップでは、このような経験をすることになります。次に、ステップ7から13を行なう時に、理解すべき重要な点について、詳しく説明しましょう。

❖ステップ７：記憶の中で大人の見方をする

準備ができたと感じたら、小さい頃の自分の見方から抜け出て、大人の自分の見方でその場面を見るようにしてください。これは、大人の自分が介在するステップです。あなたはまだ記憶の中にいますが、今は子どもとしてではなく、大人としてその場面を見ています。

このステップは、自分自身が再び親としての役割を果たせるようにしてくれます。子どもの自分は、まるで自分には擁護者がいない、自分の味方をして守ってくれる人はいないと感じているかもしれません。このステップは、あなたにとって、子どもの自分の擁護者になるチャンスです。トラウマを経験した時、私たちは無力感を抱きました。このステップで、私たちは自分のパワーを取り戻すのです。

子どもの自分は、成長する必要もありませんし、自分を守る必要もありません。子どもの自分は子どものままでいて、大人にそばにいてもらい、適切に自分を育ててもらう必要があるのです。自分を大切にし、無条件で一緒にいてくれる大人にニーズを満たしてもらい、気分がよくなるように状況を変えてもらうということです。

このステップを始めた時、もし子どもの自分がすぐにあなたのことを認識できなければ、子どもに対して自己紹介する必要があるかもしれません。子どもの自分は、すぐにあなたを信頼できないかもしれないので、信頼してもらえるまで、しばらく無条件の思いやりを示さなければならないでしょう。心配しなくても、すべてうまくいきます。自分のインナーチャイルドに、無条件の思いやりを示している時、あなたは自分自身に対して無条件の思いやりを示しています。ですから、大人として、再び自分を信頼することを学ぼうとしているのです。今年は何年で、何が起きており、なぜあなたが子どもと会うために戻ってきたのかを、インナーチャイルドに話してみてください。

❖ステップ8：子どもの感情を認める

このステップで、大人のあなたは子どもの自分に、慰めや愛情や無条件の注目を与える時間を取ります。目的は、子どもの感情は根拠のあるものだと認めることです。つまり、その記憶の中で、あなたは子どもの自分が感じた感情を認めるという意味です。はっきりと、優しく、子どもが感じるままに感じても大丈夫だというメッセージを伝え、自分の感情を十分に経験することを許してあげてください。そうする準備ができていないように感じたら、子どもの自分が感じている感情を認めるために、ステップ１で創造した安心して頼れる人を呼んでください。

この感情の承認は、インナーチャイルドのセラピーや手法の多くで省略されているようです。しかし、それでは本来の意図がねじ曲げられているように思えます。というのも、インナーチャイルドのワークにおいて、感情の承認はもっとも重要なステップだからです。インナーチャイルドとワークしている時、私たちは子どもの気分をすぐによくしてあげたいと思い、その感情から急いで引き離してしまいがちです。そうすると、子どもが必要としているものを見逃したり、子どもが感じていることは悪いものなので、変えなければならないというメッセージを送ってしまうでしょう。

でも、感情の承認という重要な部分をスキップするのは賢いことではありません。なぜなら、たいていの場合、子どもの解離の原因は、彼らの感情が認めてもらえなかったり、無視されたり、反対されたりしたというところにあるからです。子どもたちはまだ幼い頃に、自分自身のある側面から分離することを期待されていると学びました。そして、その側面を潜在意識の中へ追い払うことを学んだのです。それによって、これらの子どもたちは分裂してしまいました。

別の言い方をすれば、子どもの感情を断片化し、それを十分に経験できないようにして自分の中のフィーリングあるいは出来事と統合できないようにしたのは、子どもの感情を認めず、それをはねのけて、非難した大人の行為なのです。その結果については、私たちの誰もが知っています。つまり、その子どもは傷つき、反射的な反応をするようになりました。彼は成長し、もともとのトラウマを映し出す経験を引き寄せ始め、その投影は大人になった今でも起こっています。このように、そもそも私たちには、「完了プロセス」をする理由があるのです。

このステップ8で、あなたは自ら、この記憶の中で子どもの自分が必要としている感情の承認を与えることができます。そうすることで、あなたはスキップした記憶を修正するのです。あなたは子どもの自分が前に進めるように、もともとの出来事を経験し、その経験を統合できるようにします。これによって、あなたの分裂した側面は、再びあなたと一つになる能力と意欲を得られます。そして、あなたはもっと全体的な存在になれるでしょう。前に紹介した川と小川のたとえを使うなら、分岐した小川が、もとの川へ再び合流するようにしているのです。

感情の承認の仕方

次に、自分のインナーチャイルドの感情をどのように認めればよいかという例を紹介しましょう。前に挙げた例を再び用いますが、誕生日パーティーの記憶で、自分のインナーチャイルドと出会ったとしましょう。妹か弟の誕生日パーティーで、その子どもは、自分がプレゼントをもらえず、嫉妬を感じたのです。プレゼントをもらえなかったということが、自分は愛されていない、価値がない、重要ではないという気持ちを起こさせました。その上、妹か弟が豊かさや愛をたくさん得ているのを目にしたので、その子は欠乏感も抱きました。

この例で、その場面にいる子どもの自分に対して親の役割をする時、すぐに子どもをいい気分にさせたり、嫉妬心を軽減したりするようなことはしません。すぐにおもちゃを与えることもありません。それよりむしろ、子どものフィーリングをそのまま認めてあげるのです。フィーリングを認めるとは、子どもの考える真実が正しいと認めることではありません。彼らの真実を認めることは百害あって一利なしです。言い換えれば、「あなたは正しいです。両親はあなたを愛していないし、尊重もしていません。他の子どものほうがあなたよりももっと重要です」とは言わないということです。

それよりも、次のようなことを言って、その子どもを慰め、子どものフィーリングを当然のものとして認めてあげるのです。「あなたがそのように感じるのは当然です。この状況にいた人は誰でもそう感じるでしょう。他の子どものほうがもっと愛されているように感じたのは、すごく理解できます。他人が得ているものをあなたは得られなかったのですから、悲しいと感じるのはもっともです。もし私があなたでも、そのように感じたはずです。でも、たとえ何があろうと、私はあなたと一緒にいます。あなたがこのように感じても大丈夫です。そう感じる権利ともっともな理由があります」そう言ってから、その子どもが認めてもらった結果として、どんなふうに感じようとも、その子どもと一緒にいてあげましょう。

ただし、子どもは前に進むために、自分にとっての真実（感情だけでなく）を認めてもらう必要があるかもしれないと覚えていてください。たとえば、虐待されながら、汚いからお風呂に入れているだけだといつも加害者に言われたとすれば、確かにお風呂には入っていたとしても子どもの中にトラウマになるくらい大きな認知的不協和が生み出されたはずです。ですから、このステップの最中に、子どもが虐待されていたと感じることは正しいと言ってあげましょう。

自分の感情が認められたことに対して子どもは反応を示すでしょうが、たいていそれはよい反応です。子どもは解放と受容された感覚を経験し、解決へと進むための準備に入ることができるでしょう。しかし、悲しみのようなもっと苦しい感情が出てくることもあります。このような場合は、この新しいフィーリングを認めて、そのフィーリングとともにいてください。ここで重要なのは、子どもの感じ方を変えようとせず、無条件にその子どもと一緒にいてあげることです。このステップは、いい気分になるためのものではありません。ただ子どものフィーリングとともにいるためのものです。このステップを完了するまで、私たちは決して解決法を見つけられないということを覚えていてください。

もしインナーチャイルドのためにこのステップをするのが難しいと感じたら、安心して頼れる人を連れてきましょう。たとえば、その頼れる人が天使だったら、その場面に天使がやってきて、あなたのインナーチャイルドを慰め、認めてあげる様子をイメージしてください。

このステップをうまく進めるには、文字通り時間を止めて、子どもが私たちの与えた感情の承認を受け入れ、その助けを経験できるように、十分な時間を提供する必要があります。私たちはこの場面を凍結しなければなりません。普通、このステップの最中、私たちは動いている記憶を見ています。ですから、犬は走り回り、両親は叫んでいるかもしれませんが、私たちは、自分のマインドが凍結したその場面を見られるようにしたいのです。

もし子どもにもっと時間が必要なら、大人のあなたが指をパチッと鳴らしてください。その音を聞いたら、記憶が止まるとその子どもに言うのです。まるでビデオの一時停止ボタンを押して、すべてが静止したかのように見えるでしょう。その場面のすべての動きが途中で止まり、動いているのは大人の自分と子どもの自分、そして安心して頼れる人を含む3人だけです。この3人がこのステップと次の二つのステップを終えたら、また指をパチッと鳴らして、記憶が動き出すようにするのを忘れないでください。

❖ステップ9：子どもが安堵するのを待つ

この時点で、その場面にいる子どもの自分が、自然に安堵するのを待ちましょう。子どもの自分は、何が起ころうと、大人のあなたがありのままの自分と一緒にそこにいてくれるのを確かめたいだけなのです。ですから、子どもの自分に、そのことを約束してください。

たとえば、お気に入りのおもちゃをなくした子どもに、それを諦めなさいとか、いつまでもくよくよしないようにとは言わないでください。彼らは、その感情を十分に経験し、感じること（それは理にかなったフィーリングなので）を許される必要があります。そうすれば、やがて自然によいほうへ向かいます。その子どもは腹を立てて、大泣きするかもしれません。でも、もし大人が無条件にただそばにいてくれれば、彼は自然に泣きやみ、何か別のものにまた興味を持つか、自分で解決方法を見つけるでしょう。

これが、記憶のビジュアライゼーションをした時に起こることです。インナーチャイルドの感情が認められ、あなたの無条件の注目が与えられると、その子どもはすぐに安心するでしょう。

あるいは、一種の感情の解放を経験して泣き始め、すぐに遊びへの欲求を取り戻すかもしれません。そして、彼らの全体的な波動が自然に高まります。

けれど、深い悲しみのような強烈な感情でよくあることですが、もし何の改善もないことに気づいたら、自分のインナーチャイルドに対して、あなたは決して急がせようとしておらず、子どものことを一番大切に思っていて、何よりも子どもが経験しているプロセスを気にかけているというメッセージを伝えてください。子どもにどんな感情がやってこようと、あなたはただ無条件にその子どもと一緒にいてあげることが必要かもしれません。このような場合には、何が起ころうと、子どもが望んでいる限り、あなたがそばにいると約束しましょう。やがて、その子どもは安心し、起き上がって鼻をすすったり、あるいはニコッと笑ったり、あなたと一緒に何かしたいと思ったりする、というようなよい方向へ進み始めるはずです。

子どもが私たちにただそばにいてほしいと思っており、私たちの存在がもっとも癒やしに必要なものであるというのが明らかなら、子どもが自然にいい気分になれることはないかもしれません。このような場合、私たちには二つの選択肢があります。心の中で大人の側面を子どもと一緒に残したまま、自分の意識を今座っている部屋に戻すという選択、あるいは、ステップ15へ飛んで、子どもの自分を安全な避難所へ連れていき、子どもと一緒にずっといて、子どもがどう感じるかを観察するという選択です。

安堵感を得る段階へ到達できないのは、ネガティブな感情が含まれるトラウマを経験しているならごく普通のことです。例を挙げれば、自分を不幸と思うのはダメで、惨めなままいるのはなおさらよくないと考える家庭で育った場合、その人は不幸だと感じてもいいし、惨めなままでいてもいいということを知る必要があります。この場合、再統合される必要のある側面は、永久に不幸だと感じている側面です。記憶に基づいたビジュアライゼーションの中で、子どもの自分の感じ方は改善されないでしょう。なぜなら、改善されていない子どもの感情を無条件に受け入れ、それとともにいることが必要だからです。

❖ステップ10：他の分裂した側面を呼び戻す

これは、あなたが見ていた特定の場面に存在する他の分裂した側面を〝呼び戻す〟ステップです。愛を込めて、長い間失われていた分裂した子どもの側面を、中核をなす子どもの自分と一つにしてください。そうすれば、その子どもから分裂したいくつもの部分ではなく、その場にいるたった一人の子どもの自分に取り組むことができるようになります。トラウマの瞬間、私たちは、意識の流れの中で、一度だけでなく、幾度となく分裂したかもしれません。もし記憶のトラウマが特に激しいものであれば、その可能性が高いでしょう。

私たちには、凍結していない分裂した側面があるかもしれません。私はこの部分を、〝対処的側面〟と呼んでいます。私たちの意識の対処的側面は、もっと気分がよくなるか、安全を感じられる何か別のことを経験できるように、トラウマの経験から逃げるという選択をした自分の分裂部分です。たとえば、性的ないたずらをされている少女は、トラウマが起こっている時、複数の自分に分裂するかもしれません。一つの側面は縮こまり、カーペットの繊維の中へと身を隠すかもしれません。別の側面は小さくなって、テーブルの上にあるスノードームの中に入ってしまうかもしれません。もう一つの側面は空想の世界に入り込み、自分はプリンセスだと信じるでしょう。また別の側面は、雲の中、あるいは宇宙の中へ飛んでいくかもしれません。クローゼットの中に隠れる側面もあるかもしれません。

このように分裂したすべての側面を呼び戻しながら、私たちは彼らに対して、無条件で、もともとのトラウマを受けた子どもの自分と再び一つになってほしいとお願いするのです。「ようやく解決策が見つかったので、戻ってきて、前に進む時です」というメッセージをそれらの側面に伝えましょう。

これらの分裂した側面が、子どもの自分と再び一つになった時、一つひとつの側面が同じように癒やされます。その結果、分岐した小川が川に合流して、川の水量が増えていくように、大人のあなたの気づきもはるかに大きくなるでしょう。ですから、あなたは、このステップが、いかに「完了プロセス」に新たな次元を与えているか、そして、あなたが再び全体性を取り戻すのがいかに重要であるかわかるはずです。このステップは、特定のトラウマ的経験の癒やしを加速させるので、そのトラウマの記憶へ戻る可能性はずっと低くなるでしょう。

けれど、「完了プロセス」をしている最中に何度も繰り返し同じ記憶がやってくるようなら、それは、何か間違いをしているからではなく、うまくいっていないからでもありません。それはむしろ、いくつかのトラウマの結果として、あなたが複数の断片に分裂しており、その記憶に戻るたびに、まったく異なる側面を統合しているということです。ですから、もし、自分のさらなる側面を統合するため、同じ記憶が呼び戻されたとしたら、やっとそれらの側面の癒やされる時がやってきたことをただ受け入れてください。

分裂した意識の側面がまとめて統合されなかったのには、たくさんの理由があります。でも、一般的な理由は、トラウマの時、分裂した意識の側面には満たされないニーズがいろいろあったということです。ですから、分裂した別のインナーチャイルドの側面を統合するために、すでに訪れたことのある記憶へと再び戻ったとしたら、その子どもは前に統合した子どもとは違うニーズを持っているとわかるでしょう。

このような統合は、さまざまなやり方で出現します。それは、インナーチャイルドへと吸い込まれる幽霊のように見えるかもしれません。インナーチャイルドと再び一つになろうとしている塊、あるいはエネルギーフィールドに見えるかもしれません。あるいは、そっくりの子どもたちが一人の子どもに結合しつつあるように見えるかもしれません。断片化した側面が、もともとのインナーチャイルドと再び結合するというこの経験を、あなたのマインドがどのような形で伝えようとしても、それに対して心を開いていてください。

❖ステップ11：記憶の中にいる子どものニーズを満たす

ここで、その場にいる子どもの自分に対して、感情的に前へ進む準備ができたかどうか、そして、自分が認めてもらったと感じているかどうか尋ねてください。子どもからその反応が返ってきたら、あなたは目の前の状況に対する解決法を見つけるために、行動を起こすことができるでしょう。ここで、創造性や個性が重要になってきます。あなたは、子どもにとってどんなニーズが満たされていないのかを見つけ出し、それを満たしてあげなければなりません。

あなたは、子どもの自分がよい気分になるようなことを言ってあげられます。子どもの自分を守ることもできます。それについて他から提案を受け取ったりしてもかまいませんが、最終的には、状況を変えるために何をすべきかを知っているのは自分自身であると信じてください。とりわけ、その場にいる子どもの自分が、自らの望みやニーズを知っていると信じ、表現されたニーズを尊重しましょう。私たちは無条件にフィーリングとともにいて、そのフィーリングが存在するのはもっともであって、正しいというメッセージを与えました。ここでは、子どもの気分がよくなるようにどのようなステップを取るべきか考えます。

子どもの自分は、トラウマの出来事によって、いろいろな異なるニーズを持っています。ある子どもは、つらい記憶から安全な避難所へと連れ出してもらい、ずっとそこにいたいだけかもしれません。また別の子どもは、ある出来事が解決するのを見る必要があるかもしれません。たとえば、幼い頃に、家でひどい暴力を経験した子どもは、その家に火をつけてもいいと言われて、やっと救われたと感じるかもしれません。

「完了プロセス」は、「一人でいることを学ばなければならない」とか「大学生は子どもじゃないので、大学でお姉さんと一緒に暮らすことはできない」とか、「他人を叩いてはいけない」のようなレッスンをインナーチャイルドにするためのものではありません。想像の世界で癒やそうとしている時、子どもが受け入れるべき〝現実〟というものは存在しません。私たちはただ一つのものだけを探し求めています。それは満たされたという感覚です。つまり、姉が大学へ行ってしまって苦しんでいる子どもは、大学にいる愛する姉と一緒にいられるように、大学寮の姉の部屋に自分のための小さな場所を作ってもらう必要があるかもしれません。あるいは、子どものあなたが、ずっと抱きしめていてほしいのであれば、そうしてあげてください。子どもが新しい両親と新しい人生をほしがっているようなら、新しい両親と新しい人生を手に入れられるようにしてください。

このステップで、想像の自由を制限するものはありません。けれど、もっとも一般的なのは、自分を守ってほしいというニーズのようです。トラウマの経験をすると、私たちは無力感を抱きがちです。子どもの頃、自分の環境に対して選択肢もコントロールも持てなかったとしたら、なおさらのことでしょう。ですから、大人の自分に、子どもの自分を応援してもらうことが必要なのです。

強烈な感情が起こった場合

叫んだり、暴力を振るったりするような行為はすべて悪いもので、ビジュアライゼーションのプロセスでそのようなものは避けなければならないと考えがちです。感情は、ちょうど波動の尺度のように、一方の端が無力感で、もう一方の端が喜びや愛の状態だと理解する必要があります。実は、波動的に言えば、復讐は、無力感や絶望感、恐怖感のような低い波動が上昇したものです。嫌悪や怒りについても同様のことが言えます。しばしば、無力感の波動から私たちが抜け出すための最善の方法は、たとえそれが復讐や暴力的な爆発や破壊であろうと、強い行動を視覚化して、波動を上げるようにすることです。

この部分は、インナーチャイルドに正道を教えたい人たちが、「完了プロセス」で、もっとも抵抗するところです。さらに、外側の世界で暴力が増えないように、暴力的な考えを抱くべきではないと感じている人たちもいます。ですから、私がたった今提案したことに対して感情的な反応が起こったとしても、驚かないでください。それはごく普通のことです。ほとんどの人が理解していないのは、もしこの安全な想像上の状況で、自分自身に復讐や怒りや防御のステップを経験させて、乗り越えさせなければ、日々の生活で暴力を生み出すリスクが増えるということです。そうすることを自分に許さない人は、多くの場合、被害者意識のフィーリングから決して抜け出せないでしょう。

さらに、自分に対して暴力的な考えを抱くことを許さない人は、潜在意識でそれを空想するようになってしまいます。そうすれば、現在の生活でもっと反射的な反応が増えてしまうため、とても危険です。潜在意識の中で、復讐の空想をしながらも顕在意識でそれを非難している人は、受動攻撃的な復讐をしたり、あるいは衝動的な行動で復讐したりしてしまうというリスクがあります。カッとなって犯す殺人はたいていこのようなものです。精神的あるいは感情的な癒やしのために（あるいは、トラウマに関するあなたの波動を上げるために）、暴力や防御を視覚化する行為は、暴力を空想したり、殺人を考えたりすることと同じではありません。暴力や防御を視覚化することには、明確な目的があります。それは、安全な環境で、その思考やフィーリングを十分に表現し、それを超えたフィーリングのスペースへと到達するということです。その新しいスペースには、そのような暴力的な思考やフィーリングはもう存在していません。

癒やしのために、このプロセスで意識的に復讐を経験したり、暴力を用いて自分自身を守ろうとしている人は、被害者意識を乗り越えるだけでなく、復讐をしたい、自分を守りたい、誰かが傷つくのが見たいというニーズや欲求を経験して、それを乗り越えようとしているのです。言い換えれば、このような〝暗い〟フィーリングや衝動やニーズを乗り越えてしまえば、私たちはもうそれが存在していないことを発見するでしょう。

「完了プロセス」をしている時、私たちはどんなニーズや欲求も、〝よいもの、あるいは悪いもの〟と断定することはできません。私たちは、インナーチャイルドがその経験を乗り越えて、現在に再び加わることができるように、必要なことをビジュアライゼーションの中でしなければなりません。

「完了プロセス」のこのステップは特にヒリヒリした痛みを伴うところなので、気が弱い人には向かないでしょう。でも、このステップのおかげで、最悪のトラウマでさえ癒やせる可能性があるのです。たとえば、長期にわたり性的虐待を受けたインナーチャイルドは、これから将来にわたって襲われる心配がないようにその犯人が銃で撃たれるのを目にする必要があるかもしれません。それほど深刻ではないケースとして、両親からいつも恥ずかしい思いをさせられたインナーチャイルドは、大人のあなたに、両親に対抗した行動を起こしてもらう必要があるかもしれません。

このステップの最中、その場にいる両親を助けたい、あるいは犯人に助言したいという思いが湧いてくるかもしれないことを付け加えておきます。でも、それはあなたの仕事ではありません。実のところ、すべての人を助けたいというニーズは、子ども時代のトラウマの遺産です。ですから、もし両親や犯人が助けを得られることでインナーチャイルドが心地よくなるのであれば、その場に第三者を連れてきて、そうしてもらいましょう。天使や心理学者、スピリットガイド、あるいは自分の信頼できる人によって、両親や犯人が助けられるのをイメージする選択をする人もいるでしょう。この助けをビジュアライゼーションの中で与えることが、自分にとって癒やしになると確信するまでは、第三者を通して助けを与えましょう。

原因を変える

このステップでは、記憶やビジュアライゼーションの中の子どもに対して、もし何でも可能なら、必要なものやほしいものがないかと尋ねます。そして、それを子どもに与えているところをイメージしてください。あるいは、その子どもが何を必要としているのか、あなたは直感的にわかるかもしれません。このステップでもっとも重要なのは記憶の中でまだ満たされていないニーズを満たすことだと覚えていてください。もし子どもが両親に話を聞いてもらう必要があると感じているなら、それを実現してあげましょう。もし子どもが自分を守ってほしいと思っているなら、そうしてあげてください。もし子どもが悲しめるように抱きしめてもらいたいなら、抱きしめてあげます。もし子どもが友達を望んでいるなら、ぴったりの友達を与えてあげましょう。もしおもちゃがほしければ、それをあげましょう。もし子どもが亡くなった愛する人と再び会いたいのなら、その人に会えるように連れていってあげましょう。

つまり、このステップで、私たちは実際にその経験の原因を変えるのです。私たちは過去に起こったことに対して、一種の精神的、感情的な解決法を見つけます。そうすれば、それを意識的な生活から取り去るのではなく、むしろ加えるものとして統合できるでしょう。これは、個人的な癒やしのステップなので、解決したという感覚を得るために何が必要かを知るには、自分の直感を用いなければなりません。

もしこのプロセスを使って他人を手助けしているなら、相手の人が創造性を発揮して、コントロール感を持てるようにすることがあなたの役割です。さらに、その人が自分のインナーチャイルドのニーズを満たせるように、心の中にある制限を超えて踏み出す（すなわち、箱の外へ出る）許可を与えることもあなたの仕事です。ひょっとすると、その人は解決するための選択肢に気づいていないかもしれないので、可能な選択肢を提示してあげるのも役立つでしょう。

「完了プロセス」では、誰かや何かを許すことが目標になることはありません。許しが強いられることもありません。ましてや、それは目標にすべきものでもありません。実際、あなたは誰かを許そうと決心することなどできないのです。許しは、癒やされた結果として自然にあらわれてくるものです。トラウマの解決法を見つけた時、私たちはもはやその苦しみの空間に捉えられることはなくなり、その経験が持つもっと大きな意味とそれが自分の人生にもたらしてくれた贈り物も明らかになるでしょう。その時になってようやく、私たちは、その経験を非難することをやめられます。その時になって初めて、許しというものが、私たちの現実へと入り始めるのです。

❖ステップ12：記憶に留まるか、避難所へ行くかの選択肢を与える

記憶の中の状況を変えるための行動を起こした結果、子どもに安堵感があらわれたなら、私たちは子どもに対して、記憶やビジュアライゼーションの中に留まるか、それとも安全な避難所へ行くかという選択肢を与えます。

その子どもが自分にとって最善のことを知っていると信頼する必要があるでしょう。たいていの場合、子どもの自分は、その場をきっぱり離れることを望みます。でも、その場を離れず、記憶の中で、トラウマを体験し、乗り越えたいということもあるかもしれません。それでも大丈夫です。単に、この時点で、その体験がもっとも癒やしとなり、もっとも必要とされているという意味です。もし子どもが安全な避難所へ行くと決めたら、ステップ14へ進んでください。そうでなければ、このままステップ13へと進みましょう。

❖ステップ13：統合の完了状態をチェックする

もし子どもが記憶の中に留まることを選択したら、なぜそうしたいのかを尋ねて、それに対応してください。しばしば子どもの自分がその場を去りたくないのは、統合を望みながらも未だに取り残されている分裂した部分が他にもあるからです。その分裂した部分に対して、今隠れているところから姿を見せるように頼んでみましょう。そして、統合して一つのものになるようにお願いするのです。そうすれば、私たちはやっと一人だけの子どもと向き合うことができます。安全な避難所へと行きたいかどうかもう一度尋ねられた時、子どもはイエスと答えるでしょう。

もし子どもがステップ13で留まることを選択したなら、その子は何が自分にとって最善なのかを知っていると信じてください。このステップで、私たちは記憶の中で、子どものニーズを満たすことに取り組みます。たとえば、子どもは記憶の中に留まりますが、子馬がほしいと思うかもしれません。あるいは、記憶に残ることを選択しても、その一部を変えたいと思っているかもしれません。幼い頃に住んでいた家を違うものにしたい、というようにです。

もっとも共通したニーズの一つは、子どもが一人になりたくないというものです。ですから、大人の自分や子どもの選んだ遊び相手を、記憶の中の子どもと一緒に残していきましょう。もし記憶の中の自分自身の一側面を、インナーチャイルドと残していくのが難しいと感じたなら、子どもと一緒にいられる別の存在を創造してください。子どものそばを決して離れず、子どもを守り、よき友人になり、信頼できて安心感を与えてくれる愛情深い存在を作りましょう。

子どもは、自分がそこに残ることによって、なぜ癒やしが促されるのかを明らかにするかもしれません。たとえば、「お母さんが寂しがるからここを去ることはできない」といったようにです。その場合は、子どもと一緒に母親も安全な避難所へ連れていくと提案するか、あるいは、誰か他の人に母親と一緒にいてもらうと提案してみましょう。またその際、子どもは、「明日学校へ行きたいから」とか「結果がどうなるか知りたいから」など、そこに留まる理由を示すかもしれません。私たちは、自分にとって最善だと感じるものについて、つまり、その選択が自分の全体的な癒やしに役立つかどうかについては、自分の直感を信頼する必要があります。

行動するよりも、子どもは自分が心地よくなることを言ってほしいだけかもしれません。たとえば、「必要な時はいつでも私を呼んでね。そうしたら、すぐにそばに行くから」のような言葉です。あるいは、あなたが行ってしまう前に、抱きしめてほしいのかもしれません。私たちの目的は、記憶という概念の中で、子どもの最終的なニーズを満たすことです。子どもの準備ができていないのに、その記憶から完全に消し去ることではありません。

子どもが安全な避難所へ行くことを選択したなら、自分で子どもを連れていってあげるか、安心して頼れる人に連れていってもらいましょう。

第8章

ステップ14〜18
統合を完了し、プロセスを終える

すべての生命は、癒やしのほうへと自然に流れていきます。癒やしとは、全体性を取り戻すことです。トラウマは、自己の中に分裂を生み出します。再び全体になるためには、時間の中で凍結してしまい、トリガーを通してのみ対話できる自分の一部分を取り戻さなければなりません。私たちの意識全体と、欠けた部分のない全体的な自己を手に入れられるように、自分自身のこれらの側面を過去から現在へと連れ戻さなければならないのです。自分の分裂した側面を、意図的に統合することによって、私たちは全体に戻れます。

この章では、プロセスにおける最後の五つのステップについて詳しく述べましょう。どのようにこのプロセスを終えて、今という時間に意識を戻すのかを説明します。

✣ステップ14：子どもが安全な避難所へ入ったら、記憶を閉じる

このステップでは、子どもと一緒に安全な避難所へ入ります。中へ入る際、私たちは、秘密の入口や秘密の仕草あるいは秘密の言葉を使います。自分の後ろで入口が閉まり、たった今出てきたばかりの記憶から切り離される様子をイメージしてください。これは、安全な感覚をもたらすだけでなく、記憶から遠ざかるので癒やしにもなるでしょう。

子どもが安全な避難所へやってきた時、私たちが子どもに与えたいフィーリングは、「すべて終わった」、つまり、苦しみは終わったというものです。これを、一番よいと感じるやり方で伝えてください。ここは天国のようだと言ってもいいですし、ここはまったく新しい場所で、これから子どもの望む新しい人生が始まると言ってもいいでしょう。子どものすべての経験が、これから先、はるかに心地よいものになるということです。

あなたは、子どもの自分が子宮にいた頃の記憶に出会うかもしれません。そうなったら、赤ん坊を子宮に入れたまま、母親を安全な避難所へ連れていきましょう。あるいは、赤ん坊の自分を新しい子宮（安全な子宮、あるいは、理想的な母親の子宮）に入れて、その子宮の中にある安全な避難所へ連れていくか、あるいは新しい母親と一緒に安全な避難所へ連れていってください。

このステップでもっとも重要なのは、安全な避難所へ入る時、子どもが連れ出されたところの記憶をきちんと閉じることです。これは、何もなくなるまで縮小したり、紙のように燃やしてしまったり、風船のように破裂させたりすることで可能になります。記憶を縮小し、燃やし、破裂させた時、私たちは意識的に記憶を不活性化する決心をしているのです。

出てきたばかりの記憶を振り返っているイメージをしてください。あなたは、スクリーンや泡の中で展開している記憶を見ています。もし記憶が縮小せず、燃やされず、破裂しないなら、まだ未解決の側面があるかもしれないという意味です。たとえば、記憶の中に分裂した他の側面が残っていたり、記憶について何か別のことをあなたに知ってほしいと思っているかもしれません。

もし記憶が縮小せず、燃えず、破裂しないなら、あなたには二つの選択肢があります。一つ目は、その記憶を未解決のまま放っておき、先へと進むことです。二つ目は、安心して頼れる人と記憶から連れ出した子どもの自分を残したまま、記憶からもっと多くを学ぶため、あるいはもっとたくさんの子どもの側面を助けるために、自分一人で記憶の中へと戻ることです。その時点で、自分にとって最善だと感じる選択肢を選んでください。もし他の子どもの側面を助け出すために記憶に戻る選択をしたなら、その一つひとつの側面とこれまでのステップを繰り返し、彼らを安全な避難所へ連れていきましょう。あなたはただ一人ではなく、複数の子どもたちとワークしていることに気づいてください。

すべてを解決しなければならない、と心配する必要はありません。あなたという存在は、統合を望んでいるので、取り残される子どもは誰もいません。今日の時点で、もし特定の子どもの側面を統合できなければ、その子どもは別の時点で必ず統合されるでしょう。

✣ステップ15：浄化と癒やしの儀式をする

あなたが再び安全な避難所に入ったら、浄化と癒やしの儀式として、その子どもを沐浴させましょう。さらに、その「癒やしの水」を子どもに飲んでもらいます。これは、安全な避難所で、記憶の中での人生に終止符を打ち、子どもが新しい人生を始めるという象徴的意味を持っています。

浄化と癒やしに加えて、水には新しい人生の始まりという意味もあります。洗礼で水が使われるのは、このような理由からです。安全な避難所に連れてきた子どもの自分は傷ついているかもしれません。この水は、その傷を癒やし、記憶からさらに遠ざかって、終止符を打つ助けとなるでしょう。「癒やしの水」は、象徴的に、「すべて終わりました。今あなたはこの場所で新しい人生をスタートします。ここではあなたのほしいものすべてが与えられ、傷つけられることは二度とありません」と伝えるものです。

この沐浴と癒やしは、子どもがよい気分になれるような新しい状態へと連れていくステップです。これらのステップは、マインドや感情的な自己の癒やしを助けます。魔法のような性質を持つ水を利用することで、私たちは、自分の安全な避難所と癒やしのプロセスをコントロールするパワーを与えられるのです。必要な時にいつでも万能薬が使えたとしたら、どんなに素敵な人生になるだろうかと想像してみてください。このステップは、記憶の後遺症である痛みを鎮める助けとなるでしょう。

❖ステップ16：安全な避難所で子どものニーズを満たす

このステップで、意識を現実の時間に戻す前に、子どもの自分の最後のニーズが満たされます。私たちは、安全な避難所という状況で、それらのニーズを満たしてあげます。子どもの自分は、特定の食べ物を食べたいかもしれません。また、ユニコーンのような遊び相手がほしいかもしれません。ぬいぐるみと一緒に寝たいのかもしれませんし、安全な避難所で、私たちにただ抱きしめてほしいのかもしれません。子どもの自分が必要としているもの、あるいはほしいものが何であれ、子どもの気持ちがよくなるように、それを提供してあげましょう。それによって、「完了プロセス」で取り組んでいるフィーリングに解決したという感じがもたらされます。このフィーリングこそ、私たちが精神的、あるいは感情的に過去に閉じ込められていないという指標になるのです。

❖ステップ17：留まるか、融合するかの選択肢を与える

この時点で、子どもは安全な避難所に留まるか、あるいは大人のあなたと一つになるかという選択肢を与えられます。もし子どもが留まることを選択したら、愛を込めてその選択を受け入れ、支持してあげましょう。子どもの自分は、自分が望まないいかなることも決して強要されません。子どもにとってもっとも癒やしになるのは、安全な避難所にいて苦しまず、すべてのニーズが満たされるような現実を経験できることです。それはまさに、天国を経験するようなものだと考えてください。

癒やしを経験したあと、たいていの場合、子どもは融合する選択をし、「今という時にいるあなたと一つになること」に同意します。その場合、パズルの一片がもとの場所におさまるように、子どもが大人の見方と一つになり、私たちの一部になる様子をイメージしてください。ちょうど、

枝わかれした小川が、川の本流に再び合流するのに似ています。そうなると、本質的に、子どもの自分は成長します。このステップで、子どもが私たちと一つになると、今の私たちの年齢になるまで、急速に成長していくのが感じられるでしょう。

このステップは、もっとも高いレベルの統合です。実は、このことを言うのはあまり気が進みません。というのも、皆さんにこのステップが最終ゴールだと考えてほしくないからです。「完了プロセス」を始めた時に、このようなゴールを設定してしまうと、目の前にあるものとともにいて、それを受け入れることができなくなるでしょう。私たちは、子どもの自分が本当に必要としているものについて考えるよりも、自分のゴールについてもっと考えるようになるのです。インナーチャイルドに別のニーズがある時に、その子どもに対して、自分と統合するように強制したくはないはずです。どうか子どもの気持ちを優先してください。

「完了プロセス」のこのステップに到達しても、感情に何の変化や改善もないように感じることがあります。そのような場合には、ステップ6で説明した〝記憶の下にある記憶〟のテクニックを使って、子どもの内側にまだ存在している感情が、幼い頃の記憶から生じていないかどうかを調べてみてください。

混合した状態に対処する

幼い頃の記憶があらわれず、ネガティブな感情に何の改善も感じられなかったら、私たちはインナーチャイルドと融合したのではなく、混合しただけかもしれません。混合とは、トラウマの記憶が解決されておらず、トラウマを経験して失われた意識の側面とただ共存している状態です。

混合は、融合とはまったく異なります。混合とは、二つのラジオチャンネルから同時に流れてくるようなものだと思ってください。当然、歪みや混信が起こるでしょう。これは、記憶がトラウマ的なので、あなたの意識がそれから距離を置くために、まず第三人称の視点からその記憶を再び経験しようとする時に起こります。

混合について心配しているようなら、解決策があります。安全な避難所に、大きな網目のネットを追加し、ネットを通り抜けていく様子をイメージしてください。ネットは無意識のうちに、部分的に混合していたインナーチャイルドを捉えます。そうしたら、自分の腕の中にその子どもを抱いて、特定の記憶をあなたに見せる必要があるかどうか尋ねましょう。もしイエスと言われたら、その記憶へと子どもに連れていってもらいます。そして、私たちは、「完了プロセス」のステップ5からもう一度行ないます。

第三人称の視点で記憶に立ち会ったあと、第一人称の視点から経験するかどうかは、あなた次第だということを忘れないでください。もし準備ができていないと感じたら、このプロセスをしている最中、大人の自分のままでいることもできます。もし準備ができているようなら、第一人称の視点に移り、子どもの見方から離れる前に記憶をもう一度経験しましょう。それから、大人の見方へと戻って、「完了プロセス」の残りの部分へと進みます。

もし子どもが記憶を示す必要はないと言ったら、私たちはステップ13から「完了プロセス」を進めますが、子どもが統合の起こる空間へと向かう手助けをする時に、感情の理解と承認を加えてください。

時には、深い悲しみのような感情があるだけで、それ以前の記憶が存在しないかもしれません。それは単に、その感情が、現在の大人の自分に感じてもらい、処理してもらう必要のあるものだということです。このような場合、インナーチャイルドは、安全な避難所であなたに抱きしめてもらいたいのでしょう。自分の感情とともにいる間、あなたの愛に包まれていたいのです。あるいは、その子どもはポジティブな精神状態で、あなたが現在の意識に戻った時、そのフィーリングは残ったままかもしれません。

そのような感情はゆっくり昇華され、統合される必要があります。何かがうまくいかなかったと感じるのではなく、プロセスを急ごうとするのは感情を認めていないということだと思い出してください。もし必要なら、その感情に留まってもいいと許可を与えることが、深い癒やしと統合をもたらします。場合によってはそれだけで統合へと導くことができるかもしれません。

あなたが取り戻した自分の側面と、それとともにやってきたつらい認識に対して、あなたという存在に再適応してもらいましょう。このプロセスは切断された手足を再び接合する手術のようなものです。部位によって、手術の難易度も必要な時間も異なりますが、いずれの場合も回復までにある程度の期間が必要です。

たとえ子どもが安全な避難所に留まる決心をしたとしても、私たちは分裂した自己と関係する膨大な量の意識を統合しました。さらに、分裂した自己の波動を変えて、過去の原因も変えたのです。

いかなる形であれ、分裂した自己の波動を高めることは、私たちの全体的な波動を変えることになります。そうすれば、私たちの経験もさらによいものになるでしょう。私たちの一部は今、自分のニーズが満たされた波動の中にいます。ただ、私たちは遠い未来のある時点で再び戻り、安全な避難所に残る選択をしたこれらの側面と、十分に統合することを望むかもしれないと覚えていてください。

❖ステップ18：今という時間の視野に戻す

安全な避難所から出ていき、2、3回深呼吸をしましょう。自分の意識を現実の時間に戻していきます。しばらく時間を取って、自分の環境や新しい統合レベル、存在の状態にゆっくりと慣れましょう。「完了プロセス」から出てきたら、自分が感じるままにいることが大切です。私たちの身体は、たった今起こった統合に適応する必要があります。

「完了プロセス」をする時はいつも、全体である自分に対して、たった今起こったことに適応し、それに対処するための時間を与えることが重要です。すでにお話ししましたが、「完了プロセス」は精神的、感情的な手術のようなものです。ですから、穏やかな気持ちでいる必要があります。自分自身が新しい状態にゆっくりと適応できるように助けてあげてください。

この局面で、あなたの身体がどんなにせっつこうと、ゆっくり動くようにしてください。静かに前後に揺らし、腰や背中に自然な動きを取り入れることは、あなたの身体のシステムが変化している時に特に役立ちます。さらに、「完了プロセス」の結果として、自分が感じるままにいれば、その新しい存在の状態へさらに統合できるでしょう。

「完了プロセス」のあとで完全に意識が戻ったら、たいていの場合は、あらゆることがこれまでとは違って感じられるはずです。

あなたは、まるで「今という瞬間」を初めて経験しているように感じるでしょう。あらゆるものがもっとリアルに感じられます。あなたの物質的な環境がはるかに明確に見えます。あなたは、自分が本当にここにいるように感じ始めます。ありのままの状態で、自分はここにいていいと感じます。もっと落ち着いた安らかな場所として、「今という時」を経験するのです。急いだり、焦ったりする必要はありません。これまでの思い込みや、やっかいな思考がなくなったように感じるかもしれません。少し戸惑うかもしれませんが、あなたはまったく新しい種類の明晰さを感じるでしょう。

以前は夢にも思わなかった、驚くような洞察や新しいレベルの自己認識がやってきたり、たった今起こったことに心の中で対処する必要性を感じたりするかもしれません。また、自分が得た新しい洞察や知識を共有したいというニーズを感じる可能性もあります。私たちの意識が最初に分裂した時、分裂した自己の部分は、ある特定の知識や理解や見方を持っていました。私たちの意識が再統合すると、その知識や理解や見方のすべてを再び手に入れられるのです。

川の流れのたとえに戻ると、分岐して小川になる時、それは特定の情報を持ち去ります。小川が再び本流である川と合流すると、その情報も川に戻ってくるのです。「完了プロセス」を実践するたびに、かなりの気づきが戻ってくるのは、このような理由からです。

この時、心地よい音楽を聴いたり、精油の香りを嗅いだりするのが役立つでしょう。さらに、日常の生活に戻る準備ができるまで、静かな場所に座っているのもいいかもしれません。自分が経験したことを記録することもおすすめします。マインドが今起こったことを理解できると、私たちは、自分自身と自分が住む世界についてさらに意識するようになるでしょう。

物質的な変化が起こる

物質的な変化は、「完了プロセス」によってあなたの波動が変わった結果として、自然に起こります。今あなたが経験していることの多くは、つらい過去の経験の結果だったのです。あなたが時間を遡って、その原因を変えた時、現在の生活も自然に変わるでしょう。

たとえば、あなたは子どもの時、父親になかなか会えないという体験をしたかもしれません。ですから、大人になった今、その傷を投影した、自分のものにはならない男性に引き寄せられています。もし父親に会えなかった記憶へと戻り、その記憶の中で子どもの自分を癒やせば、手に入らないような男性にはもう引き寄せられないことに気づくでしょう。あるいは、心を開いてくれない夫と別れる決心をしたり、自分の感情的なニーズを満たす方法を見つけたりするかもしれません。

私たちが精神的、感情的に変化すると、生活上での物質的な変化も自然に起こります。私たちは違う選択をし、違う行動をし、違う人々を惹きつけ、さらには、以前と同じような反応はしないでしょう。統合によるこのような物質的変化が、毎時間、毎日、毎週、毎月、起こるようにしてください。

「完了プロセス」をしている時に、あなたが成し遂げたことは何でも、あなたの全体としての波動を高めるのに役立ちます。ほんの少しでも自分の波動を高めれば、現実の生活での経験もそれに釣り合うものへ好転していきます。たとえ、完全な統合へと到達していないとしても、私たちの波動は上がっているはずです。「完了プロセス」を使って癒やしと統合を経験するという意図を持っている限り、失敗するということはあり得ません。

自分の手の傷に対して治るように強いる必要がないのと同様に、自分自身に対して再び全体に戻ることを強いる必要はありません。統合は自然のプロセスなので、あなたの承諾があろうとなかろうと、宇宙のすべての力があなたの味方として働いているのです。ですから、深呼吸をして、あなたが間違えることはないと信じてください。

最後に、この再統合のプロセスについて、エベレストを登っているようなものだと考えてほしいと思います。あなたは必ず頂上に到達できるでしょう。もしプロセスの最中、ベースキャンプで立ち止まったなら、次回はベースキャンプに戻り、そこから再び頂上を目指してください。頂上からの景色は、言葉では表現できないくらい美しいものです。ですから、どうか統合に取り組み続けてほしいと思います。頂上から見る景色もあなたという存在も、それだけの価値を持っているのです。

何をしても、あなたの気分がよくならなかった場合

数分間、目を閉じて、あなたの子ども時代を振り返ってみてください。あなたが幸せだったりワクワクしたりした時、悲しかったり怒ったり恐れたりした時のことを思い出してみましょう。その時、周囲の人たちは、どんな反応をしましたか？　彼らはどんな感情がよいと考え、受け入れられるものだと思ったでしょうか？　どんな感情が悪いと考え、受け入れられないと思ったでしょうか？　あなたはどの感情なら表現することを許され、どの感情を抑圧するように言われたでしょうか？

では、周囲の人たちが強い感情を抱いた時のことを思い出してください。その感情は、他の人からどのように受け止められましたか？　彼らはそのような感情にどのように対処しましたか？　その感情は、あなたが育った家族や文化や社会でどのように考えられていましたか？　あなたが自分の感情に対処するための最善の方法について、直接的あるいは間接的に教えられたことは何ですか？

感情をコントロールする戦略とは、あなたの感じ方をコントロールしたり、調整したりするた

めのすべての行動のことを意味します。たとえば、お酒を飲んだり、散歩したり、ビデオゲームをしたり、アファメーションを書いたり、ドカ食いをすることなどは、すべて感情をコントロールするための戦略です。あなたが子どもの頃、周囲の人たちはどんな戦略を使っていましたか？あるいはどんな戦略を使うように教えたでしょうか？　あなたの周囲にいた大人たちが、自分の感情をコントロールする必要があると感じ、それゆえあなたの感情もコントロールする必要があると感じていたようなら、彼らはよい感情と悪い感情の両方を含むすべての感情に対して抵抗していたということです。

では、今日のあなたの人生を見てみてください。子どもの頃、自分の感情に対処するために、意識的あるいは無意識でプログラムしたコントロール法を今でも使っていませんか？　過去をもとにして、あなたは怒りや悲しみや恐れにどのような意味を与えましたか？

あなたの不快さのレベルをもとにした、ある感情は悪いもので、またある感情はよいものだとする判断は、客観的な真実だと考えられがちです。でも、はっきり理解しなければならないのは、感情のよし悪しについての私たちの判断は、自分がどのような家庭で教育されたかと関係しているということです。あとで失望を招くかもしれないので、ワクワクする感情は悪いものだと教えられたり、悲しみは美しいもの、あるいは真の愛を示すものと考える文化で育てられて、悲しみはよい感情だと教えられたりした可能性もあるでしょう。特定の感情をどう見るように育てられたかが、私たちと感情の関係を決定します。それによって感情をどう経験するかが決まるのです。

いい気分になりたいと思うのは、普通のことです。基本的な生存本能は、痛みを避けて喜びのほうへ動くことです。それ自体が問題というわけではありません。生得的に、この本能が苦しみを生み出すことはありません。苦しみは、私たちが喜びのほうへ向かう代わりに、痛みに抵抗した時に生み出されるのです。これが、感情に対して私たちのしていることです。

壁にある照明スイッチのようなものが、あなたの後頭部にあると想像してみてください。ただ、それは明るくしたり、暗くしたりするスイッチではなく、よい悪いという感情をコントロールするスイッチです。あなたが悪いと判断したものに出会うたび、このスイッチが入るように作られています。もし何かを悪いものだと思うと、それは脅威として登録されます。ですから、このスイッチが入ると、あなたは何か悪いものに出会ったと考え、身体は闘ったり、逃げたりする体制になることでその脅威に反応します。何かから逃げようとするのも、何かと闘おうとするのも、そのものをコントロールしたり、自分自身をコントロールしたり、あるいは、ことの成り行きをコントロールしようとしているにすぎません。自分の感情について私たちが持つ思考が、すでに存在する感情にさらなる感情を加える原因になります。これはちょうど、火に油を注ぐようなものです。気分をよくするためにどんなことをしようとも、何の役にも立たないでしょう。

たとえば、子どもの頃に、あなたが不安をあらわした時、親はイライラした態度であなたのほうを向き、「なんて弱虫なの。そんなふうに思う理由なんて何もないのに。いい加減にしなさい」と言ったとします。その際あなたは不安が悪いものだというメッセージを受け取ったことでしょう。さらに悪いことに、もしあなたが不安を感じたら、あなたにはどこか悪いところがあるというメッセージを受け取ったかもしれません。不安は悪いものという条件づけができたので、将来、もし不安を感じれば、あなたのコントロールスイッチが入るはずです。自分は不安を感じるので、どこかおかしいところがあると思い、自分自身を恐れ始めるのです。そして、不安を感じるということに不安を感じるでしょう。このようにして、パニック障害が発症します。

あなたの感情のコントロールスイッチが入ったのを知るサインは、自分の気分が悪いことについて悪く感じ始めたり、あるいは、気分がいいことを悪く感じ始めたりすることです。たとえば、あなたは自分が落ち込んでいることに怒りを感じたり、不安を感じることが不安になったりするかもしれません。また、幸せだと感じることに罪悪感を抱いたり、怒りを感じることを恐れたり、がっかりしたことを悲しく感じたりするかもしれません。このようなものは、〝二次的感情〟と呼ばれることがあります。さらに、あなたはそのコントロールスイッチとつながっているすべての感情をコントロールする戦略に頼るようになるでしょう。その戦略とは、お酒や読書、運動や食事、ヘロイン摂取、気を紛らわすこと、アファメーション、ポジティブ思考、あるいは、ネガティブな思考と闘うことなどです。これらすべてのことは、あなたが悪いと判断した感情を追い払うための試みに他なりません。

ネガティブな感情から逃れるためにポジティブ思考を使えないのは、このような理由からです。私たちが抵抗するものは何であれ、持続します。私たちの感情は流砂のようなものですから、もし闘えば、その中に沈んでしまうでしょう。どんなに一生懸命努力しようと、自分をいい気持ちにさせてくれるものは何もないと繰り返し気づいているようなら、いい気持ちにならなければいけないという観点から人生を見ているということです。あなたは、「それは悪いものだから、変えなければならない」という見方で、自分の感じ方に取り組んでいるのです。

あなたは、次のような思考を持ち始めていたはずです。「こんな目に遭わなければいけないなんて自分は何かしたのだろうか？　私の何が悪いというのだろうか？　こんなふうに感じなければいいのに。これにはまったく対処できない。なぜ私はこんなふうなのだろうか？」あるいは、最悪の場合、「私はこんなふうに感じるべきじゃない」と思ったかもしれません。「完了プロセス」を行なっても、それが気分をよくする助けにならなかったと報告している人もいます。その理由は、彼らが自分の感情に抵抗しており、自分の〝二次的感情〟の下にある感情にアクセスしていなかったからです。

この本の最初のところで、〝感情の蓋〟についてすでにお話ししました。それは、深い湖の表面にある氷と同じ機能を持つと説明しました。氷が水を覆っているのと同じように、感情の蓋は、その下にある別の感情を隠すために存在します。湖の氷は、あなたが水の中に落ちないように守るものです。同様に、感情の蓋は、あなたが感情の中へ沈んでいき、それが隠している感情を感じないように守っているのです。

感情の蓋は、私たちが低い波動に巻き込まれないようにするため存在しています。それは、感情体の中にある自然な自己防衛メカニズムです。無意識あるいは意識的に、私たちがある感情を悪いものだと感じた時、それを遠ざけておきたいと思うでしょう。そのような理由で、〝二次的感情〟（感情を感じることについての感情）が、まさに感情の蓋と同じ働きをするのです。私たちが感情の蓋と完全にともにいる時、それが覆っている感情の中へと深く落ちていくことがあります。それは身体ではなく、感情が氷を通り抜けて、深い水の中へと落ちていくような感覚です。けれど、これは必ずしもうまくいくわけではありません。長い期間、二次的感情に取り組んでいるのに、何の効果もないということがあるでしょう。このような場合、二次的感情に「完了プロセス」を適用する必要があります。自分自身に対して、「このように初めて感じたのはいつだったろうか？」と尋ねるのではなく、「この感情を感じるのはよくないと初めて学んだのはいつだったろうか？」と尋ねてみてください。

時には、私たちが感じる二次的感情は、解決される必要のあるトラウマを反映しています。そのトラウマとは、特定の感情を感じるのはよくないということを学んだ時に経験したものです。もし、この感情に「完了プロセス」を適用すれば、私たちはその感情への抵抗を取り除き、もっと深い感情的なトラウマに関しても、このプロセスを行なうことができるでしょう。

「完了プロセス」と毎日のように悪戦苦闘していた、アンというクライアントがいました。アンによれば、何時間も自分の感情とともにいても、何の改善も見られなかったというのです。私が彼女と一緒にプロセスを行なってみて、うまくいかなかった理由が明らかになりました。つまり、怒りのような感情を抱いた瞬間、彼女の感情コントロールのスイッチが作動して、自分の感情を感じることに強烈な不安を感じたせいでした。その不安が、感情の深みへと沈んでいくことを許さなかったのです。私たちは、その不安を克服しようとするのではなく、怒りを感じることへの不安に対して、「完了プロセス」を行ないました。

解決の糸口になった記憶は、彼女がよちよち歩きの頃、妹に対して怒った時のものでした。彼女は怒りを感じて、妹を手で押しのけたのです。母親は、アンを反省させようと部屋に閉じ込めました。まだ小さかったので、この体験はトラウマになり、アンは怒ることはよくないと確信したのです。大人になってから、怒りのフィーリングが、トラウマの記憶を引き起こすトリガーとなりました。怒りを感じた結果として、彼女は恥をかき、罰として家族から切り離されるという不安を再び体験していたのです。最初、大人の彼女は、自分自身に対して、怒りを感じてもいいと言うことはできませんでした。私を一緒にその記憶の中へと連れていき、私が「怒ってもいい」と大人の彼女と子どもの彼女に対して言うのを目撃する必要がありました。アンは私から、自分のインナーチャイルドがお皿を割って叫ぶ許可をもらい、さらに、子どもの怒りに対処するよう彼女の母親を諭してもらう必要があったのです。

本質的に、その記憶に対処することで、彼女は、怒りを感じてもよいと思えるようになりました。さらに、怒りを感じることに関するトラウマを解決したあと、大人である今の人生で怒りを感じた時、その中へと深く入っていき、怒りとつながっているトラウマを解決できるようになったのです。「完了プロセス」が彼女の役に立ち始めました。そして、これまで何一ついい気分になる助けにならなかったのは、自分がネガティブだと見なすものは感じたくないと思っていたからだとわかりました。彼女が「完了プロセス」を含むさまざまな種類の自己ヒーリングをしていた理由は、自分の感じていることをコントロールしようとしていたからだったのです。自分の感情は、本質的によくも悪くもないということを彼女はようやく悟りました。よいとか悪いというのは、感情についての判断なのです。感情は、潮の干満のように、自分の思考や発言や行動、あるいは世の中で出会ったものに反応して出現したり、消えていったりするだけだと気づきました。いい気分になろうとする努力がうまくいかなかった理由は、自分のフィーリングを悪いものだと見なして、それから逃れたいという意図で何かをすることが、自己嫌悪の行為に他ならなかったからだったのです。

感情コントロールのスイッチが入り、自分の感情に抵抗している場合にだけ、つらい感情が長続きします（気分がよくなるように、あなたが何をしても効果がないので）。これは、一時的な不快さと長期にわたる苦しみの違いです。そうは言っても、私のように、気分のよくなる方法として、あなたも「完了プロセス」を選んだのであれば、単によい気分になることがゴールではないという時点まで到達してほしいと思います。そして、あなたがどんな感情を感じていようと、そのままの感情と豊かでポジティブな関係を築くことが新しいゴールになるようにと願っています。

パート3

「完了プロセス」の体験談

第9章

「完了プロセス」で人生を変えた人たち

私のために働く人たち、そして私とともに働いている人たちは、PTSDを持つ個人を助けることに、私が特別な情熱を注いでいると知っています。ですから、2014年に、私のアシスタントが部屋に飛び込んできて、「完了プロセス」にずっと取り組んでいるイギリス人の退役軍人のことを話してくれたのも、何ら驚くことではありませんでした。そのイギリス人男性は、自分が「完了プロセス」を使って、非常に効果があるとわかり、同じようにPTSDで苦しむ退役軍人にこのプロセスを教えたいということで連絡してきたのです。

こうして、私はスティーブ・クリュー軍曹を知ることになりました。私は彼に連絡を取り、喜んで許可するだけでなく、できる限りのサポートをしたいと伝えました。それからの数ヶ月間、折に触れて、私は「完了プロセス」について彼の相談に乗りました。スティーブは、自分が一緒にワークしている人々の素晴らしい成功について教えてくれました。その後、このプロセスを自分と同じ退役軍人に紹介したいという彼の情熱が目的へと変わったのです。私は、彼がこの仕事をさらに大きくしようと懸命に取り組んでいることをお伝えできるのが嬉しくてなりません。

スティーブとの出会い

2015年の8月、ロンドンで初めてスティーブと彼の家族に会うことができました。それは、私にとって夢の実現でした。この男性は独力で、私がもともと抱いていたビジョンに向けて取り組み始め、それを現実のものへと変えたからです。あなたも経験があるかもしれませんが、出会う前からその相手に対して強いつながりを感じていると、ようやく出会えた時、とても感動的な体験になるものです。スティーブと私はお茶を飲みながら話すことにし、彼は自分の杖を壁に立てかけました。私たちが互いに微笑んだ時、言葉は必要なくなりました。

その瞬間、私は喜びと悲しみの両方を感じ取りました。人生を変えるようなトラウマによって心の奥深くまで影響を受けた人は、シミのようなある種の深い悲しみを抱えているのです。そして、このシミのせいで、自分は愛されず、ダメな存在になったと信じています。私たちは、何年もこのシミをぬぐい去ろうと努力しており、他人の中にもすぐにそのシミを見つけます。でも、釜で焼く前の陶器に塗られる染料のように、実のところ、このシミは成熟した美しさの一部に他なりません。それは、私たちの感じ方に深みを加えてくれるものなのです。

8月のその日、スティーブの前に座りながら、私は彼のシミを目のあたりにしました。同じように、彼も私のシミを理解してくれたように感じました。鏡に映したかのようにお互いのシミを認め合い、明白な安心感を得たのです。それは、深い理解と忠実な仲間意識という暗黙の贈り物を私たちに与えてくれました。私と同じように、彼と彼の家族はこの癒やしのワークを世界中でするように運命づけられ、非常に多くの人たちがそれによって恩恵を受けることになっていたのです。

スティーブのストーリーは、私たちがなぜつらい経験をするのか、その理由はわからないということを示しています。それが人生という全体像の中にどのように当てはまるのか見当もつかないのです。そのために、人生から不当に苦しめられていると感じてしまいます。でも、もし忍耐強く癒やしの方向へと一歩ずつ進んでいけば、やがて「なぜ」という問いへの答えが目の前に自然にあらわれてきて、突然その全体像が見えてくるでしょう。多くの場合、それは非常に美しいものです。スティーブと会ったその日、まさにそのことが私に起こりました。

この章はスティーブを始めとする、「完了プロセス」を実践した勇気ある人たちのストーリーから構成されています。スティーブのようにファシリテーターになった人もいれば、このプロセスによって、これまで考えたこともなかったような新しい幸福感や人生に対する新たな興味を楽しんでいる人たちもいます。

スティーブ・クリュー軍曹は自分のストーリーをすでに公表しており、ここで彼の本名を使ってもいいという許可をくれました。他の人たちからも同じような許可をもらいましたが、そのほとんどがプライバシーを重視した生活を送っています。ですから、彼らとその家族のために、この本では彼らの本名や身元が特定できる情報は伏せてあります。けれど、引用文は、彼ら自身の言葉であり、それを読むことで、なぜ彼らが「完了プロセス」を選択したのか理解する助けとなるでしょう。このワークが非常に興味深い驚くようなやり方で、多くの人をサポートしていることがおわかりになるはずです。

前線での体験

スティーブ・クリューは、12年間にわたり、イギリス軍の王立装甲軍団の軍曹として、有名な軍事作戦や遠く離れた地域での作戦に何度も従軍しました。さらに彼は、要人警護をする特別部隊の任務にも就いていました。彼は幼い頃から軍人になりたいと思い、12歳でイギリス陸軍幼年学校に入りました。学校を卒業すると同時に、彼はイギリス軍に入隊し、厳格な訓練を受けました。私は、彼とその仲間が、自分たちの貴重な体験を話してくれたことに、とても感謝しています。

12年間の軍務についている間、スティーブはトラウマ的な出来事をたくさん経験しました。軍務中に、人を殺さなければならないこともあったと認めています。当時、彼の置かれた状況で、他の選択肢は存在しませんでした。彼自身、榴散弾や銃弾で軍服や防弾着を破損して、命を失う寸前までいったこともあります。親友や同僚が殺されたり、重傷を負って不具になったりするのを何度も目にしてきました。

軍隊をやめたあと、スティーブは、情報技術(IT)の分野で社会復帰の訓練を受けました。それは、彼にとってぴったりの仕事でした。1年も経たないうちに、彼はマイクロソフト認定システムエンジニアになり、システムアドミニストレーターとして大企業に就職しました。けれど、何か違和感があり、そこに落ち着くことはできませんでした。

スティーブは当時のことを思い出して、こう言っています。「まるで、自分の一部が欠けているような感じがしたんです。さらに、当時は夫婦関係もひどくて、家にいても落ち着くことができませんでした。自分の内側に攻撃性が潜んでおり、それが二重人格のように出現するのです。トリガーとなるものに出会うと、この冷たく、抜け目のない危険な人格が登場します。すると、倫理観や礼儀を尊重し、論理的に思考する現実のスティーブは完全に乗っ取られてしまうのです。とても暴力的なこの別人格によって、私は完全に黙らされ、圧倒されてしまいました」

この別人格の側面があらわれるたびに、スティーブの自尊心と自制心はますます奪われていきました。やがて、誰かと立ち話をしているだけで、内側で激しい怒りが湧き出すようになりました。突然、身体の中でアドレナリンがどっと流れ出すのを感じ、初めは歯を食いしばり、それから両肩が緊張してきて、殴りかかりそうになるのです。

「自分はいつか相手に重傷を負わせてしまうかもしれないと感じました。何かがおかしい、これは本当の自分じゃないとわかったのです。それで、いかなるトリガーも避けて、スイッチが入らないようにするため、社交行事や社会から遠ざかりました」と彼は説明しました。

彼は仕事も辞め、当時の人間関係からも身を引きました。そして、アラブ諸国でボディガードの仕事をしている知り合いに連絡をしました。その仕事は、非常に敵意に満ちた危険な場所へ自分を連れ戻すとわかっていましたが、自分のコントロール感を取り戻したいと思ったのです。

“普通の生活”に適応する努力

その仕事は、しばらくの間は順調でしたが、数年経つと、スティーブはイギリスへ戻り、居を構えたいと思うようになりました。

けれど、数ヶ月もしないうちに、またもや過度に用心深い人格や、圧倒的な暴力の衝動と自分が闘っていることに気づきました。彼は次々と仕事を変え、引越しを繰り返しましたが、いつも夜警や店の万引き監視員などの危険な仕事ばかりに引き寄せられていました。彼の懸命の努力にもかかわらず、暴力的な側面が頭をもたげてきて、誰かを殺したいという気持ちになるほどでした。彼はそのことをひどく怖がっていました。

さらに、彼は自分のジムまで作り、健康維持のために努力していましたが、健康状態は悪化の一途をたどっていました。胃腸の不調や睡眠障害、さらには、第二型糖尿病に苦しみ、ひどい不安発作もあらわれました。そして、２０１３年の4月頃、突如として、もっと深刻な健康上の問題に直面しました。彼は軽い脳卒中で倒れ、その数週間後、再び脳卒中に襲われたのです。

けれど、スティーブが心配していたのは身体的な健康だけではありませんでした。スティーブは深く悲しむことも、自分の感情を表現することもできなくなっていたのです。彼は、3年前に8歳の息子を脳腫瘍で失っていました。息子の葬式で、スティーブは自分が何の感情も涙も見せられないことに気がつきました。それから2年の間に、両親が突然亡くなりましたが、再び同じことが起こりました。

それほど大きな悲しみや怒りを自分の内側に閉じ込めているのはよくないと知っていましたが、それでも自分の感情をあらわすことができませんでした。脳卒中を起こしたあと、これまで自分でしていたことが一人でできなくなり、彼の健康はますます悪化していきました。その後の数ヶ月間で、彼は線維筋痛や慢性疲労症候群を発症し、糖尿病をコントロールするために大量のインスリンを打つようになりました。

心の奥底にあった精神的な問題やPTSDがあらわれて、彼を激しく襲ったのは、そんな時でした。「私は、重度の不安神経症とうつ病だと診断されました。さらには頻繁に心因性非てんかん発作に襲われ始めました。それは、身体の震えこそありませんでしたが、痙攣の発作のようなものでした。やがて、自分に意識があるのかどうかさえわからなくなりました」

のちにスティーブは、自分が湾岸戦争症候群に苦しんでいるとわかりました。彼と同じような症状に苦しむ帰還兵が多くいるにもかかわらず、イギリスの国防省は、まだ正式にこの症候群を認めてはいません。

解決策を求めて

やがて、精神面での健康状態が深刻な問題をもたらすようになり、スティーブは怒りや腹立ちをコントロールできなくなりました。ほんの少しのことがきっかけで激怒するのですが、何がトリガーとなったのか見当もつかなかったのです。この状況にある多くの人のように、スティーブはさまざまな抗うつ剤を試し、カウンセリングや認知行動療法を受けました。けれど、それは何の効果もなく、数回通っただけで行くのをやめてしまいました。カウンセラーの見下すような態度や、彼を理解していると思わせるような振る舞いが気になって、しまいには、これらの専門家たちがトリガーになってしまったのです。それは、まさに暗黒の時期でした。「私はひどく打ちのめされたような感じでした……」とスティーブはしみじみ語っています。

とうとうスティーブは、自宅に閉じこもってしまい、トリガーを恐れて、窓から外を眺めることすら避けるようになったのです。この状態が一年あまり続きました。その間、彼は一歩も外へ出ず、彼の妻や家族の監視下にいなければなりませんでした。彼は自尊心も自制心もすっかり失い、自分を信じることとすらできませんでした。

ある日、彼は自分に残された道は一つしかないと決心しました。つまり、それは自殺することでした。それまでも何度か自殺を試みていましたが、すべて失敗に終わりました。まさにどん底まで落ちた気分でした。「最後の試みで、首の頸動脈へ肉切り包丁を押しつけようとした時、たまたま下を見ると、愛犬が私を見上げていたのです。私はその場で固まってしまいました。愛犬の顔を見てしまったことで、私はまた失敗しました。もう自分の人生に終止符を打つことすらできなかったのです」そう話しながら、さまざまな思いが込み上げてきているようでした。

自暴自棄の最後の行為として、彼はパソコンの前に座り、「不安に対処する」と打ち込みました。この分野で代表的なホームページがたくさん出てきましたが、その時、私のサイトの一つに目が留まったそうです。そこには、感情体への対処法について説明している私のYouTube動画がありました。

スティーブには何かを読むという忍耐力はもう残っていませんでした。でも、これは動画だったので、彼はそれをクリックし、感情の働きや、人はいかに間違った方法で感情に取り組んでいるかを説明しているのに耳を傾けたのです。

「私の脳にある照明のスイッチがカチッと入ったような感じがしました。ティールは私が理解でき、自分のことと関係づけられるようにやさしく話してくれていたのです。まるで誰かがやってきて、頭の中にジェットウオッシュを置き、あらゆる汚れを取り除いて、本当は何が起こっているのかを理解させてくれたようでした」

結局、彼は、その週ずっとYouTubeの前に張りつき、次から次へと動画を見ていたそうです。そして、自分がようやく回復のスタート地点に立っているという安堵感を抱き始めていました。

ようやく訪れた安堵感

スティーブには、なぜこのヒーリング法がピンときたのかわかっていました。「私にとって、回復や癒やしへの一番大きなブレイクスルーは、感情がどのように働くかを知り、それを受け入れる方法について学べたことでした。私の記憶にある限り、大人になってからずっと自分の感情を抑圧してきました。これは、軍人が生活の一部としてやっていることで、自分でもそうしていることに気づいていないのです。軍人であるなら、ただ一つの感情以外、いかなる感情もあらわすことは許されません。そして、ただ一つの許された感情とは、逆境にさらされた時の純粋な攻撃性です。確かに、それは軍隊にいる時には非常に役に立ち、多くの場面で自分の命を救ってくれました。ただ、問題は、軍隊をやめた時、これが一般市民の生活スタイルに合わないものだということです」

ビデオの中で、感情は私たちに何かに気づいてもらうためのメッセージだという説明を聞いて、彼はようやく納得できたそうです。長年にわたり、そのようなメッセージを無視し、感情を抑圧すればするほど感情は彼に対してもっと大きな声で訴えようとしました。そして、それらのメッセージを彼に聞かせるための別の方法を見つけ出したのです。それが、痛みやストレス、皮膚発疹、胃の不調などのような体調不良でした。

スティーブは、これらのメッセージから逃げることも、隠れ続けることもできないと理解しました。彼は、それと闘うことができませんでした。なぜなら、感情は自分の頭とマインドの中にあったからです。「もし心を開いて、そのメッセージを迎え入れたら、何が起こるだろうか？心から耳を傾けたとしたら、どうなるのだろうか？」と彼は考えました。

「最初の頃は、そうすることが怖くてなりませんでしたが、もう失うものなど何もなかったので、思い切ってやってみました。思った通り、まもなく私のトリガーとなるものがあらわれました。私は椅子に座り、その攻撃性を感じました。私は自分の中へ深く入っていき、とことんそれを感じました。あらゆる身体的なフィーリングがやってくるのを許し、それと一つになりました。そして、フィーリングが沸き起こるままにしていると、まるで自分が煙突の穴の中へ落ちていくような感じがしたのです」

それから、彼が予期していたのと正反対のことが起こりました。トンネルを通り抜けて、反対側にやってきたような感じがしましたが、そこは静かで澄み切ったところだったのです。身体的な混乱や感情的なフィーリングが消え去り、まるで水中でずっと息を止めていて、やっと水面に上がってきたように、身が軽くなるのを感じたそうです。

「私の記憶にある限り、自分の身体やマインドとつながっていて、実際に、自分が主導権を握っていると感じたのはこれが初めてでした。何年にもわたり抑圧や妨害をしてきたあとで、これほど簡単に起こったことが、最初は信じられませんでした。私は、ただ自分の感情が伝えようとしていることに耳を傾け、受け入れただけだったのです。この最初のプロセスから数日の間に、私の世界は完全に変わりました。私は両手を広げて、目の前にある人生を受け入れることができました。すると、元気が出てきて、エネルギーのレベルも急激に上がってきた気がしました」

スティーブは、自分に効果があったのだから、この方法を使って他の人も助けられると考えました。彼は、最初に「完了プロセス認定プラクティショナー（CPCP）」になった人たちの一人です。この認定証については、付録Bで詳しく説明しています。スティーブは次のように言っています。

「私は、危機的状況にある退役軍人たちへ『完了プロセス』の紹介を始めましたが、それこそが彼らに必要だった答えだったとわかりました。その人のオーラが変わるにつれ、姿勢が変化し、顔の表情、特に眉のあたりがくつろいで、堅く握りしめていた手が緩んでいくのに気づきました。彼らと一緒に外出した時には、安堵の表情が見て取れました。私は数分間何も話さず、ただ自分が感じていることを受け入れるようにと彼らに言いました。なぜなら、言葉にするのは難しいとわかっていたからです」

「『完了プロセス』を伝え始めて1年経ち、その効果を実感している今、このプロセスをもっと広める時だと確信しています。そうすることで、誰もが、切実に自分が必要としている安堵感を得ることができ、自分の生活をよい方向へ変えることができるからです」

「完了プロセス」がスティーブや仲間の退役軍人に効果的だった理由の一つは、反射的な行動を少なくしたり、心的外傷後ストレスの反応をなくす助けとなったからです。たとえ戦争の経験がないとしても、誰でもトラウマに直面したことがあるに違いありません。ですから、このプロセスは、スティーブと同じようにあなたにも役立つでしょう。

このプロセスを実践すると、自分がもはやトリガーに苦しめられていないことに気づくはずです。潜在意識に埋もれていた傷を癒やし始めた時、これまで弱点だと思っていたものがなくなるのです。その結果、あなたの出会う人々が、以前のようにトリガーとなることはなくなります。自分を激怒させていたものがもう気にならないなんて、なんという自由な感覚でしょうか！　人生における難しい状況に対しても、無意識で反応するのではなく、思慮に富んだやり方で反応できるようになるでしょう。その結果、日々の生活で対立や衝突を経験することがはるかに少なくなるのです。

死との闘いに打ち勝つ

長年、ヒーラーとして仕事をしながら、私は、トラウマがさまざまなやり方で、身体的、精神的、感情的、霊的に影響を及ぼし、時には、その人のあらゆる側面やその人生全体に影響を与えることに関心を持ってきました。多くの場合、自分でも何が起こっているのかわからず、人生がどんどん手に負えないものになっていくのです。ジョナサンという若い男性は、原因不明の深刻な症状に苦しみ、その答えを見つけようとして、私のところへやってきました。

ジョナサンによれば、２０１３年の4月に熱が出て、体重が急激に減り始めましたが、最初のうちはしつこい風邪ぐらいに考えていたそうです。彼は忙しい小売店で働いており、体調不良の状態で立ちっぱなしの仕事をするのは大変でした。しばらくすると、鼻血が出始め、数日間、全身の痛みが続きました。そして、とうとう彼は病院へ行くことを決めたのです。

「医師たちは何週間もいろいろな検査をしたあと、やっと私を診察室へ呼び、私の人生で最悪のニュースを伝えました。私は、慢性リンパ性白血病と診断されました。その日、私の人生が音を立てて崩れました。私は若くして死ぬという可能性に直面したのです。私は、すぐに化学療法と放射線治療を受けることに同意しました。仕事も辞めなければなりませんでした。その経験がいかに感情的な苦しみと肉体的な苦しみを伴うものだったかは、言葉にできません」

ジョナサンは、深刻なうつ状態になり、さらに悪いことには、病院での治療もうまくいきませんでした。彼の病気はどんどん進行していき、リヒター症候群（注：慢性リンパ性白血病が急速増殖型のリンパ腫に転化した病態。完治は難しいとされている）へと移行しました。その時点で、彼は自分が死ぬと確信したのです。彼は切実な思いで、ガンの代替療法を調べ始めました。そして、その年の秋、たまたま車の中でかけていた朝のラジオ番組に注意が向いたのです。その番組で、私はちょうどインタビューを受けており、末期患者との一対一のワークについて話していました。

ジョナサンは、車を道路脇に寄せて、すぐに私のオフィスへ予約の電話を入れました。約束の時間に姿を見せた時、彼は完全に受け身の姿勢でした。それが、病院の医師たちに求められたものだったからです。ですから、私のアプローチについて説明した時、驚きを隠せないようでした。つまり、このプロセスにおいて、私は医師ではないこと、そして、彼の病気の根本的原因は身体的なものではなく、感情的なものであると私は信じているということです。

私が言ったことが到底本当だとは思えず、当時は過激な発言に聞こえたそうです。けれど、藁《わら》にもすがりたい状況だったので、何でもしてみようと決心したのです。

「ティールに出会ってから、私は毎日『完了プロセス』をやり始めました。それを試すと、マインドは、その経験から私を引き離そうとしました。でも、１週間後、強烈な感情的苦痛を感じて目が覚めたのです。まるで、ハートが壊れてしまったような感じでした。のちに、このフィーリングは深い悲しみだったとわかりました。ティールからの学びによって、私はこの深い悲しみのフィーリングと完全にともにいることができるようになりました。そして、本当に何年かぶりに、私は泣き始めました。なんと1時間以上も泣きじゃくっていたのです」

ジョナサンは、子ども時代から攻撃されているというフィーリングをずっと抱えていたことを、突然悟ったと言いました。彼は、人生の障害に対処する方法もわからず、そのための助けも与えてもらえなかったと感じていました。さらに、私のクライアントがよく話しているのと共通したフィーリングも抱いていました。「私は人生で安全だと感じたことがありません。我が家のような安全であるべき場所は、私にとって敵意と非難と虐待に満ちた場所だったのです。私はいつも世の中の厳しさに脅かされているような感じがしていました。その敵意に満ちた世界で、何の助けも得られず、私はあまりに早く成長しなければなりませんでした」

自分の昔の感情と心からともにいるやり方を学び、ジョナサンは自分の中に埋もれていた傷や深い悲しみを癒やすことができました。昔の深い感情と直面することで、安堵感を覚え始めるのに、そんなに長くはかかりませんでした。

「私は、インナーチャイルドと私のハートに、自分が子どもの時に得られなかったものを提供することができました。そうすることで、世の中がもっと安全な場所だと感じ始めたのです。このプロセスの最中、親友も見つかり、一緒に暮らすようになって、人生を楽しいと思える日も出てきました。実際、死について忘れていることさえありました。そして、もしそれが私の死ぬ時期であるなら、向き合う準備はできていると感じられるようになったのです」

ジョナサンは、さらに話を続けました。「これからが話の一番いいところです。何ヶ月もプロセスを続けてから、医師のところへ行くと、私のガンが寛解期にあると言われました。それは、化学療法や放射線治療のおかげであるとは思っていません。また医師や他の人たちのおかげでもありません。私を癒やしたのは私自身です。自分が何年間も抱え込んでいた苦しみの原因に向き合ったからこそ自分自身を癒やすことができたのだと心から信じています。私のガンは、今では1年以上完全な寛解にあります。真の癒やしは決して容易なプロセスではないとわかるようになりました」

安らぎという自由を経験する

私がこれらの体験談を紹介しているのは、「完了プロセス」を生活の一部にすることで何が得られるのかについて、あなたに理解してほしいからです。まず気づくのは、安らぎが経験できる可能性でしょう。許しのように、安らぎは無理強いして得られるものではありません。安らぎは、あなたが平穏な気持ちになると決心しても得られるものではありません。なぜなら、それは、あなたがすることではなく、むしろ癒やしに応じて、あなたの内側で自然に起こることだからです。

あなたは気づいていないかもしれませんが、安らぎは完全にポジティブな状態ではありません。それは、対立軸を超越した状態です。つまり、安らぎとは、ポジティブもネガティブも超えたものです。多くの人は、悟りを開いた人を見て、その人は常にポジティブな感情を抱いていて、それにしたがって行動すると考えます。けれど、実は、自分という存在からあらゆる抵抗を手放す実践をしているというのが真実です。悟りを開いた人が、葛藤も痛みも決して経験しないということはありません。彼らは葛藤や痛みを経験することに進んで心を開いているだけです。

自分から感じるようになると、あなたはもはや葛藤や痛みに抵抗せず、将来を恐れることもないでしょう。あなたは人生のあらゆるものを経験することへ心を開き、どんな経験にも抵抗しなくなるのです。抵抗がなくなると、あなたは安らぎを見出します。このように、長続きする真の安らぎとは、葛藤を経験しないことの結果ではありません。それは、対立を含むとか含まないにかかわらず、ありとあらゆる経験を受け入れた結果としてやってきます。ネガティブな経験にもポジティブな経験にも価値があり、これら二つの状態は互いに必要とし合っていると考えることによって、安らぎが得られます。安らぎとは、ほとんどの人が人生で決して経験したことのないレベルの自由を意味しますが、それをあなたはいつでも手に入れられるのです。

仕事と人生での障害を克服する

「完了プロセス」を行なって人生が大きく変わった二人の話を聞き、「みんな本当にそうなのだろうか？『完了プロセス』から得られるものとして、他にはどんなものがあるのだろう？」と思っているかもしれません。次に紹介するのは、30代前半で、会社を経営するアイザックという男性の話です。彼は何年間もビジネス交渉で苦労していましたが、「完了プロセス」を行なって、無事にベンチャービジネスへの融資を得ることができました。

２０１３年、懸命の努力にもかかわらず、アイザックは資金調達ができずに行き詰まっていました。彼のビジネスに興味を示す投資家はたくさんおり、投資する準備もできているようなのですが、いつも最後の最後で考えを変えてしまうのです。彼は自分が呪われているのではないかとさえ思いました。そして、ビジネスに関する相談と、自分が感じている障害を乗り越える方法について聞きたいと、私に連絡をしてきました。

彼の相談に乗っている時、「完了プロセス」のことを紹介すると、アイザックはさっそく実践し始めました。すると、まもなく彼は、自分がお金に関するパターンで苦闘していることに気づきました。そして、問題の原因を理解し始めたのです。「私は子どもの頃にネグレクトされました。その結果、自分のニーズは他人に満たしてもらうことができない、だからすべて自分でしなければならないという思い込みを潜在意識の中に持つようになりました。そのせいで、私は情熱と専門知識と粘り強さで投資家たちの興味を引き寄せながらも、子ども時代の感情的な傷によってすべての努力を台無しにしていたのです」

この気づきから、彼のもっとも大切な願望は愛されることであり、お金を稼ぐことは、愛を得るための手段であったと悟りました。彼は、自分の会社でわざと恵まれない環境を生み出し続けていましたが、なぜそれをしていたのかが次第にわかり始めたのです。

「会社の従業員は、私を心から愛しているので会社に留まるということを、潜在意識の中で自分自身に証明しようとしていたのだと思います。毎日大変な困難を経験しているのですから、会社に残っていたいはずはありません。その上、相場以下の給料しか払えなかったのです。それでも会社に残ってくれているのは、ただ一つの理由、つまり〝私を愛してくれているからだ〟と考えたのです」

彼は「完了プロセス」を実践し続け、自分の思考を変える方法を学び、自分の感じていることとつながるのが重要だと知りました。さらに、常に奮闘し続けなくてはならないと思うのではなく、いい気分になれる活動をするようになりました。この新しい認識を大いに利用した時、彼はビジネスで驚くようなチャンスと結果を引き寄せただけなく、晴れて契約を結ぶことができたのです！

アイザックは、次のように話をまとめました。「障壁を打ち崩し、自分の感情を受け入れた時、私はビジネスへの新たな情熱が湧いてくるのを感じました。そして、約1・5億円もの資金調達ができたのです。今年の我が社の収益は7億円を超える見込みです」アイザックの成功を目のあたりにしながら、私は彼がとうとう自分の夢を実現したことをとても嬉しく思っています。

本当の目的を見つける

アイザックが「完了プロセス」を始めると、よいことがたくさん起こりました。同じように、あなたも自分の人生をさらによくすることができるのです。自分の感情と向き合い、解決することは、もっと本当の自分になるための素晴らしい方法です。そうすれば、あなたは真の喜びをもたらすものを手に入れられるでしょう。そして、あなたがこの世に与えるためにやってきた贈り物を発見できるはずです。

これはあなたにとって新しい考え方かもしれませんが、私たちの人生の目的は、常に私たちがこの世に与えることになっているものの形をとってあらわれます。子どもの頃、私たちは、自分に喜びをもたらすものや自分が得意とするものと結びついていました。そして、自然にこのようなことができていました。大人になってからよりも、子どもの時のほうが自分の目的に近いところにいたのです。アイザックのように、分裂した子ども時代の側面を統合することによって、私たちは、本来の自分の側面を取り戻し、自分が人生で望んでいたものは何であるかを再発見するでしょう。つまり、自分の情熱を見つけることができるのです。

アイザックは、自分の会社をさらに成長させるために、ますます情熱と創造的な意欲を持つようになりました。彼は新たな活力を得たようでしたが、それこそ「完了プロセス」の成果なのです。自分が拒絶した（そして抑圧した）側面を統合するたびに、私たちは創造意欲を感じ始めます。もっと本当の自分になるにつれて、自分がこの人生に携えてきた贈り物に手が届くようになります。

り、創造性が飛躍的に高まって、自分の目標を達成する助けとなるでしょう。

自分に嘘をつきながら、ストレスの多い生活を送る

自分で完全にコントロールできないような仕事をしている場合、人々は、たいてい巨大なストレスを抱えています。彼らは、いつでも直ちに対処する準備ができていなければなりません。たとえば、飛行機のパイロットは、広い範囲の物事について責任を持たなければならない仕事の一つでしょう。いくつか例を挙げると、天候や手に負えない乗客、機体の整備上の問題、流動的なスケジュール、飛行機の乗客全員の安全などに関する責任です。

私は、職場でこのような重責を担いながら、自分自身の感情や身体の健康にも対処しなければならない男性とワークしたことがあります。次に、紹介するウィリアムは、「完了プロセス」によって、ずっと抱えていた個人的な問題を解決することができました。

ウィリアムは、20年以上、民間航空機の機長として働いてきました。彼はその仕事を本当に楽しんでいました。というのも、この仕事で必要とされる技術的なスキルと人とのチームワークの両方が気に入っていたのです。この仕事を始めた頃、彼は仕事のペースはまったく気にならず、

それどころか仕事量が多いことを楽しんでいました。

けれど、彼の幼少期は、決して楽しいものではありませんでした。そのことをウィリアムは正直に打ち明けてくれました。

「子どもの頃はとても孤独で、まるで迷子になったような感じでした。両親は厳格なクリスチャンだったので、人生を楽しむということはとても受け入れられるものではありませんでした。私はキリスト教と関係のない音楽を聞くことは許されず、ダンスに行ったり、バスケットボールをしたり、ガールフレンドを作ったりすることもできませんでした。ですから、成長期において私の中核となった信念は、〝私が幸せであれば、神は私を罰するだろう〟というものでした。そのせいで、〝自分は間違っている〟というフィーリングをいつも感じるようになったのです」

ウィリアムは、大人になってからもこのことと闘い続け、内在するこのフィーリングを乗り越えようとして、300時間もの精神分析療法を受けました。愛や人間関係、うつ病のようなテーマに関するセルフヘルプの本も読み漁りました。それでも、無気力感、ものすごい羞恥心、完全主義、抑圧した怒り、分離感に苦しみ続けたのです。

彼は、そのどれからも解放されることはなく、とうとう一日中自分のあら探しばかりするようになりました。子ども時代に、両親が自分に接したのと同じようにしたのです。パイロットとして外見的には成功していたにもかかわらず、ウィリアムは自分の感情を常にチェックし、それを感じなくてすむように常にコントロールしていました。

やがて、問題が頂点に達し、他の多くのクライアントのように、身体的な症状が出るようになりました。彼は、その最悪の状況についてこう語っています。「何年もの間、人生を楽しむことなく生きてきたあとで、私は死と直面するような重病にかかったのです。ちょうど同じ時期に、妻との離婚問題も勃発し、私は絶望的な気分でした」

彼は「完了プロセス」に出会った時、自分の思考が肉体に出現したのかもしれないと聞いて驚いたそうです。いつもその正反対だと考えていたからです。でも、「完了プロセス」を通して、自分の無関心、自己嫌悪感、完全主義の理由を彼は見つけ出しました。

「子ども時代、私はよい感情も悪い感情も許されなかったのだとはっきりわかりました。私の父はたびたび激怒していたので、私はそうなりたくないと思いました。初めて感情を表現することを自分に許し始めた時、それはまさに心の底からの経験になりました。私はフィーリングの中へ深く潜り込み、子ども時代の深刻な傷と向き合ったのです。死にそうだと感じたことも何度かありました。私の身体はガタガタと震えていました。トリガーに出会った時、私は自分が発見したその感情の中へと十分に入り込み、自分のインナーチャイルドのために無条件でそこにいました」

ウィリアムによれば、一番助けになったのは、記憶の中でその状況を変え、解決したと感じられるようにしたことでした。即座に安堵感がやってきたわけではありませんでしたが、自分が変わり始めたと感じるのに、それほど長くはかからなかったそうです。これについて、彼は、次のように語っています。

「自分の中にある深い傷を見ることは、直ちに素晴らしいと感じられるものではありませんでした。最初は、そこにあるものに降伏することを余儀なくさせられ、それは本当に大変でした。けれど、このプロセスをするたびに、錨《いかり》が持ち上げられるような感じがしたのです。そして、ゆっくりと人生が変わり始めました」

ウィリアムは、自分が関係性に求めるのはどんな感じなのか、ようやくわかったと言います。「私は温かさとふんわりした感じを求めていたのです。このプロセスを行なうようになってから、私は自分にも他人にももっと正直になり、ありのままでいられるようになりました。私は自分がどういう存在であるかがわかり、そのおかげでずっと楽になりました」

これまでの人生において、ウィリアムは、価値があり、愛される存在になるため、自分自身を完全に変えなければいけないと考えてきました。でも、自分の感情を葬り去るのではなく、それと向き合うことを学んだ今は、まったく反対だったとわかりました。今ここにいるそのままの自分を無条件に愛するということが答えだったのです。

ウィリアムはこう結論づけました。「私は、自分の人生が根底から変わったと感じています。まだまだワークする必要はありますが、すでに私の人間関係は劇的に変化しました。自分を愛すれば愛するほど、もっと他人の愛を受け取ることができるようになります。愛によって傷つけられたなら、その愛は本当の愛でないのだと魂レベルでようやく理解できました。自分の中でますます安らぎが見出せるようになり、外側の世界でそれを探す必要もなくなりました」

自己愛と思いやりのある理解を迎え入れる

ウィリアムが受け取った恩恵の一つは、自分を愛する能力が高まったことでした。自己愛が大きくなったと感じるのは、「完了プロセス」による自然な結果です。なぜなら、このプロセスによって、私たちの恐れが減少するからです。恐れで身動きができない状態にならなければ、日々の生活で、他人から自分についてのネガティブな意見を言われてもさほど気にならないでしょう。批判を受けた時も、自己不信や自己嫌悪に屈するのではなく、他人の傷つけるような行為は、彼ら自身の中にある痛みや恐れを反映しているものだと見るようになるのです。さらに、他人の傷つけるような言動や行為は、自分自身をもっと統合し、もっと癒やすための理由として使うことができるとわかります。

これと関係するもう一つの恩恵は、思いやりのある理解という贈り物です。「完了プロセス」を実践すればするほど、たとえどんなに邪悪な行為に見えようと、すべての行為はもっといい気分になるための努力だということがわかり始めるでしょう。この現実を受け入れた時、あなたは周囲の人々の行動に対して、もっと納得できるようになるはずです。

誰かにキスすることであろうと、誰かを殺すことであろうと、既存のあらゆる行為は、「いい気持ちになるため」というたった一つの理由から行なわれると理解できるのです。実のところ、私たちの宇宙には、敵意のある意図、有害な意図、あるいは邪悪な意図のようなものは存在しません。つまるところ、すべてのものが、いい気分になりたいと望み、特定の行動が自分の気分をよくしてくれるというところへ行き着きます。

あなたは、子ども時代に自分の両親や家族を見て、彼らと触れ合いながら、愛について無意識の定義を作り上げたということが理解できるでしょう。大人になっても、あなたは、子どもの頃の定義によって人生を生きているのです。あなたの作った無意識の愛の定義が健全なものであろうと、不健全なものであろうと関係ありません。

ですから、もし子どもの頃に両親から辱めを受けたなら、私たちは恥ずかしいというフィーリングと愛を関係づけます。そして、自分を辱めるようなパートナーや友人を探し求めるでしょう。なぜなら、潜在意識で、それが愛であると考えているからです。つまり、愛とは傷つけるものだと思っているということです。でも、「完了プロセス」によって、この状況に光と真実を投じることができます。このプロセスは、私たちが特定のトリガーを持ってこの世にやってきたことを明らかにするでしょう。そのトリガーは、私たちが本当の自分を知り、感情的な傷や精神的な傷とワークするのを助けてくれます。このような傷は、私たちが無条件の愛を体現することを妨げているものだからです。

このような理由から、「完了プロセス」を行なうことによって自分の内側にある愛に関するパターンを明らかにし、他人の中にそれを見つける能力を伸ばすことができるのです。「完了プロセス」は自分自身に対して、無条件の愛を抱くように要求します。その結果、私たちは他人に対しても無条件で愛を抱けるようになるのです。これは驚くべき波及効果を持ち、自分の影響範囲を超えて広がっていくでしょう。

その仕組みについて説明しましょう。「完了プロセス」は、自分自身のマインドやハートの中に安らぎと思いやりを生み出すだけでなく、世界中の人間関係に安らぎと思いやりにあふれた愛を生み出します。私たちが自分に対してすることは何であろうと、集合意識に影響を及ぼすのです。自分自身を統合した時、私たちは集合意識の統合も引き起こします。私たちが無条件の愛を抱くようになった時、集合意識も無条件の愛を抱くようになります。自分の中で安らぎを見つけた時、私たちは集合意識にも安らぎをもたらすのです。

このように、「完了プロセス」は、私たちが出会ういかなるものにも影響を与えます。それを使い始めることによって、個人の人生の方向だけでなく、世の中の方向までも永久に変わるような慈悲深い衝撃を与えるでしょう。

子育てを通して、自分の問題が明らかになる

私たちはみんな、世界をよりよい場所にしたいと思っていますが、ほとんどの人が、自分の内側と外側のバランスを取ることだけに夢中になっています。この例としてミスティのストーリーを紹介しましょう。

私がミスティと初めて会った時、彼女は3人の子どもを抱える専業主婦でした。そして、どうすればよい母親になれるのかと苦闘していました。というのも、そのような個人的挑戦への心構えについて誰も教えてくれなかったからです。彼女は子どもたちをとても愛していましたが、子育てを通して自分の未解決の問題に再び直面しなければならないとは思いもしていませんでした。私は、彼女がこのプロセスに取り組むのを助けながら、母として、一人の女性として、自信を取り戻していく様子を見て嬉しく思いました。

ミスティが、子育てという責任と向き合う日々について話してくれた時、私は自分自身の姿と重ね合わせることができました。それ以来、同じような問題を抱えるたくさんのクライアントとワークしてきました。私と初めて会った時の自分について、ミスティはこう語っています。「と

きどき、ほんの些細なことに対して、大げさな反応をしている自分に気づき、次の瞬間、罪悪感に陥って、私は世界中で最悪の母親だと感じていました。毎日、子どものお世話をしているのですから、私自身へのサポート、具体的に言えば、自分の感情に対処するための助けが必要であるのは明らかでした」

子どもたちが夜、ベッドに入ったあと、ミスティは本を読むのが好きでした。そこで、彼女は感情の癒やしについて学び始めたのです。そのためのよい方法をたくさん見つけましたが、どれも問題の核心には触れていないような気がしていました。そして、とうとう深く共感できる新しい方法を見つけたのです。それが、「完了プロセス」でした。何らかの理由があって自分のところへやってきたに違いない、と思ったそうです。

「『完了プロセス』のセミナーに参加し、当初は自分のためだけに使おうと考えていました。でも、それを使い始めて、とても驚いてしまったのです。私は、自分が冷静沈着なしっかりした人間だと思っていました。でも、このプロセスを始めた時、自分の感情をマヒさせることで、結婚生活や子どものことに対処していたのだと気づきました。実際、私は医師の処方薬を服用しながら、自分の手に負えない感情や思考に対処していたのです」

どんな親にとっても、こうした問題を認めるのは難しいことですが、ミスティは、以前の対処方法を続けることはもうできないとわかっていました。自分自身にさえ、このことを白状するのは非常に難しかったと彼女は語っています。

「それまで、自分が経験した過去のトラウマと向き合おうとしたことはありませんでした。私は地位のある成功した夫の妻であり、地元の教会で女性グループのリーダーをしていたので、ロールモデルになり、コミュニティで手本を示すように期待されていました。ですから、精神的に壊れることなど許されなかったのです。でも、『完了プロセス』によって、自分が、妻、そして母親として、いかに満たされておらず、大きな不安を感じているかがようやく理解できました」

ミスティは強さと深い洞察を得て、これまで演じてきた役割を自分がいかに嫌っているかということにとうとう向き合ったのです。ある日、彼女は、もううんざりだと、自分自身と夫に対して認めました。「これまで自分だと思っていたものが、すべて崩れ去ってしまいました。でも、それは、自分自身や結婚生活や家族にとって、最善の出来事になったのです」

内なる自分に向き合うプロセスを通して、ミスティは、全体としての自分を取り戻すことができました。そして、みんなが望むことに応えるのではなく、自分自身の望みを大切にすることを始めたのです。すると、自分の内側だけでなく、家庭の中でもその効果を実感できるようになって、彼女は驚きました。「子どもたちの情緒面がとても落ち着きました。感情的な態度をとることも少なくなり、前よりお互いにうまくいくようになったのです。子どもたちは、私の感情状態を映し出していたのでしょう」

彼女から、このプロセスを子どもに適用できるかと尋ねられた時、私はイエスと答えました。さっそく彼女は、長男と一緒にこのプロセスを行ないました。子どもとするのは難しいだろうと考えていたそうですが、実際にはずっと簡単だったようです。彼女の息子は何の問題もなく自分の感情にアクセスし、本当のニーズを表現するようになりました。彼は自分の感情の痛みを解決するにはどうするべきか、直感的に知っていました。そして、自分がよい成績を期待されているプレッシャーをどれほど感じていたか、数ヶ月前に父親から彼にはがっかりしたと言われた時、どんなに悲しかったかを大声で母に訴えました。

セッションのあと、ミスティは、息子の目に新たな輝きがあるのに気づいたそうです。「息子の中にあった重苦しさは一晩で消えてしまいました。私が息子のことをちゃんと見て、理解しているのを感じているようでした。驚いたことに、彼の食べ物に対するアレルギーもなくなり始めたのです。我が家では現在、このプロセスをいつも使っています。そのおかげで、私は一人の人間として、母親として、妻として、だんだんよくなっていいます。私の家族は、これまでにないほど心がつながっているように感じられます。何よりも、子どもたちがとても幸せそうです。このプロセスのおかげで、子どもたちは、自分の感情的な重荷を大人になるまで引きずっていく必要がなくなるでしょう。私にとって、それは何にも代えられない貴重なものです」

家族を癒やしただけでなく、ミスティは自分の人生を邪魔していた事柄を克服できました。彼女の場合、自分の痛みをマヒさせる処方薬をやめることでしたが、それは大きな前進でした。私は、多くのクライアントが同じようなことを経験するのを見てきました。彼らは自分の破壊的な習慣をとうとうやめることができたのです。

それが可能になったのは、私たちが統合し、気づきが高まったおかげで、ぐずぐず引き伸ばしたり、闘ったり、嘘をついたり、薬物を使ったり、自己破壊的になったり、引きこもったりというようなネガティブな行動に終止符を打つ強さを持つことができたからです。これらはすべて、トラウマを経験した結果として、私たちが身に着けた対処法あるいは適応法にすぎません。ですから、これらの経験を統合した時、もう必要なくなったので消えてしまうのです。

過酷な虐待と近親相姦を乗り越える

トラウマを引き起こしたものが何であろうと、その人の身体とマインドの中にこびりつき、のちにトリガーが過去を呼び起こした時には、混乱を引き起こします。これは長期にわたり過酷な虐待を経験した人にとっては、特に当てはまることです。私は自らの経験からこの種の恐ろしい経験がどんなものかよく知っています。これから紹介するアンジェラのような人たちに出会うと、彼らが深い感情的な苦しみを乗り越える手助けができることをいつも光栄に感じています。

私は、アンジェラが自らの癒やしのために行なったワークを誇りに思っています。それについて、彼女は、次のように述べています。「私の人生は、何もない空っぽの解離状態でした。私にはフィーリングもありませんでした。感じるのは、ほんの少しの不快感や痛みだけで、ほとんどマヒした状態だったのです。私は何年にもわたり、さまざまなセラピーを受け、セルフヘルプの本も数え切れないほど読みました。絶望感にさいなまれながら、私の内側に潜む障害を克服したいと必死でした。なぜなら、それらが、自分の子どもを含むあらゆるものとのつながりを邪魔していたからです」

アンジェラは、これまで行なった会話療法やホリスティックセラピーでは、もうこれ以上はよくならないとわかりました。これらのセラピーによって、彼女は、自分が性的なトラウマと感情的な深い傷に苦しんでいることに気づきましたが、この不健全なパターンを頭で理解できただけでした。そして、「完了プロセス」を実践してみて、初めて自分の身体の奥深くへ入り、それを実際に感じることができたのです。

このプロセスを行なった時、解離によって閉じ込められていたトラウマがようやくほぐれ始めました。彼女は1歳の頃の記憶に遡り、そこで自分が残酷な虐待と近親相姦の被害者であったとわかりました。

「『完了プロセス』は、私の現実を粉々に吹き飛ばしてしまいましたが、もとに戻りたいとはこれっぽっちも思いません。それがどんなものになろうと、以前の自分のような夢遊病者でいるよりはずっとマシです」

4ヶ月もしないうちに、彼女の努力は功を奏し始めました。ちょうど車の運転のように、自分にできるとは思えなかったことをやり始めていたのです。彼女は広場恐怖症を克服し、一人で家から出られるようになりました。そして、ストレスの多い状況になった時、それを避けたり、他人に頼ったりするのではなく、自分で考えて、対処できることを発見したのです。

アンジェラによれば、「完了プロセス」は、彼女が意識的に作った現実ではなく、いつの間にか流れ着いてしまった現実にいることに気づかせてくれたそうです。「これによって、これまでの人生と人間関係を完全に変えなければならないところまで追い込まれました。それは容易ではなく、ひどく心が痛むものでした。でも、私はもう妥協できなくなってしまったのです。この経験における一番の贈り物は、自分自身や他人と、無条件にともにいるという能力を手に入れたことです」

アンジェラは今でも、再び感情的な痛みや絶望感がやってくるのではと怖くなることがあります。でも、自分には、それを乗り越えるための道具があると信じています。「私は今、これまで考えられなかったような喜びや愛や幸せを感じています。たとえそれが恐れとともにやってきたとしても、自分の人生に与えられたこの贈り物にいつも感謝せずにはいられません」

刑務所の受刑者とワークする

私がヒーラーとして働き始めた時から、ともにワークをしたいと心から望んでいたのは刑務所にいる人たちでした。多くの受刑者にとって、「完了プロセス」は重要な突破口になるでしょう。なぜなら、彼らの多くがトラウマや依存症、うつ症状や自尊心の低さに苦しんでいるからです。現代の司法制度におけるほとんどの囚人は、子ども時代の解決できなかったトラウマのせいで収監されていると、私はずっと信じてきました。

次に紹介するのは、刑務所で働いているマイケルのストーリーです。彼は、刑務所の受刑者に関する思慮に富んだ話を聞かせてくれました。彼の話をここで共有できることをとても嬉しく思います。

マイケルは、何年間も刑務所でボランティアをしており、受刑者に瞑想を教えていました。彼はこの活動にとてもやりがいを感じていました。刑務所は、自己反省を促すという目的で、感覚が剝奪された環境になっています。そこには、気を散らすようなものがほとんどありません。生活必需品はすべて与えられるので、受刑者はほとんどすることがなく、実質的に、自分で日常生活の管理をすることはできません。マイケルによれば、通常、私たちが一日に200回の決断をしているのに比べて、受刑者は、たった20回しか決断していないという研究結果があるそうです。

刑務所の受刑者は、私たちが当然のようにしている贅沢が許されていません。つまり、朝に着る服を選び、何を食べるか、いつ友人や家族を訪ね、公園へ散歩に行くかなどを決めるというようなことです。このように制限された現実の中に閉じ込められていれば、自分の環境とは無関係に幸せになれる方法を学びたいという自然な欲求が起こるに違いありません。マイケルは、瞑想がその欲求を満たすのに役立っていると言います。つまり、瞑想は自分のマインドをコントロールする方法を教えているのです。

マイケルが集団瞑想を指導したあと、受刑者たちは気持ちが落ち着き、希望を感じられるようになったと報告しましたが、それでも彼はもっと自分にできることがあるような気がしてなりませんでした。もし可能なら、彼らが人生を変えて、よりよい現実を作る手助けをしたいと思っていたのです。そんな時、過去のトラウマを癒やそうとしている人のために私が行なっていたワークに巡り合いました。

2年ほど前のことですが、彼は、「完了プロセス」の重要な要素である感情体の癒やしについて、私が説明するのを聞いたのです。マイケルは、この方法によって、まず自分自身のトラウマを癒やし、それから、受刑者たちに提案する決心をしました。まずいつも行なっている仏教の瞑想から始め、参加者がより高い意識の状態へと至った時、「完了プロセス」をしてみたい人はいるかと尋ねてみたのです。それ以来、このプロセスは、集団瞑想の一部となり、今も人気を博しているそうです。

「このプロセスを紹介して以来、毎回、少なくとも2、3人の受刑者が、深い感情の解放を経験しています。世間からは危険で暴力的だと見られている男性たちが、インナーチャイルドのワークをして、小さな子どものように泣いている姿を見るのは驚くべきものです。その結果、ハートのつながりがたくさん生まれており、受刑者との身体的接触が禁じられているために、互いにハグできないことをいつも残念に思っています」

そのようなカタルシスを経験したあと、こうした男性の多くが、依存症や犯罪とは無縁の新しい生活を築き上げることができたそうです。このセラピーは、私たちの社会でもっとも孤立した〝真っ暗な〟部分を変容できる光のようなものだと、マイケルは信じています。

子ども時代の純粋さを取り戻す

子ども時代の純粋さを再発見することでもたらされる自由を想像してみてください。マイケルとワークした受刑者がインナーチャイルドとのつながりを取り戻した時、子ども時代のポジティブな側面を再び手に入れ、大切な内なる関係性が蘇ったのです。すると、自分が再び楽しめることを発見し、失われていた純粋さが回復しました。潜在意識の中へと深く入り、痛みを統合した時、私たちは純粋さだけが残ることを発見するでしょう。

純粋さとは、存在の軽やかさのことです。それは心配や不安のない状態です。私たちの光を遮るものは何もありません。ほとんどの人は、純粋さと無知や弱さを関係づけていますが、純粋さはこのどちらでもありません。私たちは知識を得ても、純粋さを失うことはありません。それは、あなたの得た知識によって、痛みや恐れの空間へと移行させられた場合にのみ起こります。そして、一般的に知られていることとは異なり、純粋さには大きな勇気が存在するのです。

純粋さとは大きく開いていて、基本的に恐れていない状態です。その光は誰にも守られていません。それは、愛に満ちた、誰にも手が出せないものです。私たちは、自分でも気づかないくらい、自らの純粋さという光を曇らせてしまうかもしれませんが、それでも光自体が消えるということはありません。もっと知恵を得れば得るほど、あなたは純粋な状態へと近づいていくのです。

私たちはみんな、遊ぶ能力を取り戻すことで、恩恵を受けることができます。遊ぶとは、真面目な目的、あるいは実用的な目的のためではなく、楽しみや気晴らしのための活動に従事することとして定義されます。ここは、私たちが立ち止まり、考えなければならないところです。〝遊び〟という言葉の定義の中に、私たちは、自分がともに作り上げた社会の機能不全を発見するでしょう。

誰もが、遊びは目的とつながっていないと考えて成長しました。幸せそのものよりも、もっと大切な何かがあると信じるように導かれたのです。そして、私たちは大人になり、なぜ自分が幸せでないのだろうかと思ってしまいます。その理由は、楽しむことを優先すれば幸せへの近道になるということに気づいていないからです。私たちはいつも遠回りをしていて、確かな職業を保持したり、目標の達成に努めたりするというような他のことを優先した最終結果として、幸せがやってくることを望んでいるのです。

「完了プロセス」を始めることによって、私たちは、楽しみを優先するようになります。すると、守りの姿勢や恐れが減ってきて、再び遊び始めている自分に気づくでしょう。

「完了プロセス」をカウンセリングに取り入れる

「完了プロセス」は非常に多くの人に恩恵をもたらす可能性を持っていますが、まだほんの一握りの人たちにしか伝えられていないという感じがしています。ですから、レスリーのような人々には感謝してもしきれません。彼女は、ソーシャルワーカーの仕事を通して、このプロセスを多くの人に紹介してくれているのです。

レスリーは、「完了プロセス」をクライアントの日々の実践に取り入れる効果的な方法を見つけました。そのおかげで、クライアントの癒やしに大きな成果が見られたと語っています。
「セラピストの私に会いにくる人のほとんどは、自分のネガティブな感情を大切にしていません。ですから、彼らが自分自身のフィーリングを避ける傾向を理解し、リアルタイムで起こっているその回避行動を認識してもらうために、私はできる限りの時間を費やしました。さらに、自分の感情を認めてもらえば、どれほど違った感じがするものかを示すため、彼らの感情に思いやりのある反応をしました」

レスリーによれば、「完了プロセス」をする時の一番大きな障害は、彼らが自分自身のフィーリングを恐れていることに気づいていないことでした。クライアントたちは、すでに自分の人生の問題に何年も取り組んでいました。それでもなお重大なステップが残っていることを彼らに理解してもらい、それを受け入れてもらうのは容易ではなかったそうです。

専門家としての彼女の意見によれば、「完了プロセス」の重要な二つの側面とは、フィーリングや感情の重要性を受け入れることと、たとえ〝心の中での概念〟にすぎないと思っても、インナーチャイルドの存在を進んで理解しようとする気持ちを持つことです。クライアントが自分のインナーチャイルドを理解するという飛躍を遂げた時、彼らの身体的表現からそのことがはっきりわかると彼女は言いました。それは自分自身の真価を認め、ようやく自分の家にたどり着いたという安堵感を示すものでした。

彼女は、最初のステップの誘導瞑想で、それぞれの人にぴったりの安全な場所を創造できることを特に褒め称えています。安全な避難所の創造にとことん取り組めるので、彼女のクライアントたちは、自分のマインドが本当に満足するものを創造できました。彼女は、個別に行なわれるこの創造が、「完了プロセス」に独特な癒やしの基盤を与えていると信じています。

さらにレスリーは、明確に定義された18のステップからなる段階的なプロセスであることも気に入っているそうです。「これらのステップは人々がこれまで表に出せないと感じていたフィーリングを安全に表現できるような構造になっています。クライアントの中には、そのプロセスに飛び込んで、久しぶりに〝すべて大丈夫だ〟という感覚を得た人もいました。なぜなら、彼らの頼れる人、あるいは大人の自分が、無条件の愛に満ちた優しさを育み、それを傷ついたインナーチャイルドに与えることができたからです」

体重との闘いに終止符を打つ

　これから紹介するストーリーも非常に興味深いものです。なぜなら、今日の社会でよく見られる状況がテーマになっているからです。つまり、肥満、摂食障害、うつ病などです。私は体重の問題に関してたくさんの人を助けてきましたが、ザック・モイヤーのことは今でもはっきり覚えています。彼の斬新な体験談はすでに広く知られており、そのため本名を使うことを許可してくれました。

　ザックは、ホリスティックな健康コンサルタント、作家、食に関する社会正義の提唱者、講演者として活躍しています。彼の経験に耳を傾ければ、彼が長い道のりを歩いてきたことがわかるでしょう。では、彼自身の言葉で体験を語ってもらいたいと思います。

「２０１１年、私は、肥満や薬の服用、うつ状態や長期にわたる体調不良に苦しんでいました。慢性的な喉の感染症と精神病の強い薬のせいで私は生きることにうんざりしてしまい、何ヶ月も寝たきり状態だったのです。子どもの頃からずっと体重の増加と闘っており、そのせいで、〝自分の手には負えない〟と感じることが多くなりました。大人になってから、〝手に負えない〟というこのフィーリングは、ドカ食いという障害としてあらわれました」

「体調が悪くなり、精神状態も悪化して、とうとうある晩、私は生きるべきか死ぬべきかとじっくり考えたのです。その時、自分はいずれか一つを選べると思いました。つまり、処方された薬をひと瓶飲んで眠りにつくか、それともこのまま生き続けるかです。結局、家族や友人のことが頭をよぎり、自分の自殺のせいで苦しめたくないという思いから、私は生きるほうを選びました」

「すべてを解決しようとして、何年にもわたり、たくさんの人々に意見を求めました。私が頼った精神分析医は、脳内化学物質のバランスに乱れがあると説明し、唯一の解決法は、あてずっぽうにいろいろな薬物を投与して、そのどれかで効果が出るのを待つことだと言いました。私はとてつもない量の薬を処方され、これが一生続くことを受け入れるように言われたのです」

「伝統的な手法のセラピストはそれとは異なる方法で、一つのはっきりした目的を持っているようでした。つまり、それは、私を修正することでした。私のうつ病は、闘い、抵抗しなければならないものとして扱われました。一方、私の傷ついたエゴは、私の唯一の救いは冷静になり、自分自身を取り戻すことだと主張しました。けれど、私のスピリットは、そのような必要はなく、自分が感じていることを受け入れるようにとしつこく言っていたのです」

「そうこうしているうちに、私の服用している薬があまりにも強力すぎて、朝起きるのも、日中起きているのも大変な状態になってしまったのです。他方で、私は、危険なほど肥満で、体調は悪く、うつ状態が続いていました。毎晩、自らを慰めようとして、食料品店まで出かけていました。そして、冷凍ピザ、トルティーヤチップス、細切りチーズ1袋、アボガドディップ、冷凍フレンチフライ、2リットルのダイエットソーダ、470グラムのアイスクリームを買い込んでいたのです。私は毎晩、ドカ食いをするために店から走って帰宅していました。おそらく、ドカ食いは、私の人生においてもっとも楽しいことでした。小さなアパートの一室で、食べ物による慰めを得ながら、私は世の中から隠れ、人生や責任や拒絶感から逃れることができたのです」

「ある夜、ベッドに横になってアイスクリームサンドを食べていた時、心臓の鼓動が激しくなり、胸に鋭い痛みを感じました。ショックと恐れで、アイスクリームサンドが私の手からすべり落ちました。その瞬間、二つの思考が心を横切りました。最初の思考は、〝私は心臓発作を起こしている。最悪の場合、汚れた狭いアパートの一室で孤独死するかもしれない。そして、何日間も発見されず、見つかった時には、食べ物に囲まれ、汚物まみれで倒れた状態だろう〟二番目の思考は、二つのパワフルな質問の形でやってきました。〝これは健全な行動なのだろうか？　健康な人たちは、私のような食べ方をしているのだろうか？〃その答えは、〃ノー〃と大きく鳴り響きました」

「その瞬間、私は新しい気づきを得たのです。それに必要な解決法は、ティール・スワンの動画を通して私のところへ届けられました。大人になって感じている機能不全や消耗性疾患の根源は、子ども時代のトラウマだという彼女の説明を聞いた時、自分には何も悪いところはないのだとようやくわかりました。ただ、たくさんの悪いことが自分に起こっただけだったのです」

「こうして、私の癒やしの旅がスタートしました。自分の感情と向き合うプロセスを始めて、より完全な状態になっていると感じ始めた時、何年も続けてきた薬の服用をやめて、危険なドカ食いにも別れを告げました。うつ的な症状も消えて、私はホリスティックで健全な生活スタイルを取り入れようという気持ちになったのです。さらに、自分の子ども時代について、癒やしを促すような対話を両親とすることもできたのです」

「そのおかげで、私は約50キロも体重が減り、高血圧も治って、逆流性食道炎も改善し、コレステロール値も正常に戻りました。『完了プロセス』の実践が、最終的には私を薬物と摂食障害の連鎖から自由にしてくれたのだと信じています」

「私は今、自分の体重管理に関して、自分自身にもっと共感的で、我慢強くなったと感じています。自分のためにこのプロセスをするようになってしばらくたち、他人が『完了プロセス』を行なう手助けをするファシリテーターの資格を取ることにしました。今では、同じような体重の問題に悩む人たちを助けられることに、大きな喜びを感じています。彼らに食事や運動の計画を立てるのではなく、彼らのトリガーや記憶や感情を明らかにするワークを一緒にしています」

「この方法によって、機能不全の中に自分を封じ込めていた重りが取り除かれるのを、私は幾度となく目撃しました。誰もが、どんな感情を感じても安全で、どんな記憶を思い出しても大丈夫だとわかります。そして、もっとも重要なこととして、ありのままの自分でいても大丈夫だということを知るのです」

健康を取り戻す

私たちが苦しんでいる身体的な病は、過去の感情的、精神的な傷によって起こっており、それは癒やせるということをザックのストーリーは示しています。何年間も慢性的な体調不良や病気と闘っていたとしても、自分自身のために、健康に役立つ選択を始めるなら、予想以上に早く改善されるでしょう。

もしあなたが、何の努力もなしに、自然と身体によい食べ物を摂り始めていても、驚かないでください。さらに、自分にとってよい活動や人々のほうへと楽々と引き寄せられているのに気づくかもしれません。そのうちあなたは、自分がはるかに健康的な生活スタイルを送っていて、そこに到達するために苦闘する必要はなかったとわかるはずです。

さらに、「完了プロセス」があなたの生活の一部になった時、自分にもっとエネルギーがあるとわかるでしょう。これは、ザックに起こったことですが、あなたにも起こるはずです。その理由は、分裂した子ども時代の自分は、エネルギーの失われた流れのようなもので、それが今私たちの身体に再び統合されたからです。私たちの全体意識は、エネルギーの巨大な流れです。ですから、私たちが、分裂した自己を統合すればするほど、現在において私たちの持つ意識のエネルギーがますます多くなるのです。

ザックは他の人たちと再びつながり、友人に対しても心を開くことができるようになりました。その友人は、のちに彼のルームメイトになったのです。十分に統合し、無条件にただ一緒にいて、愛を与える能力を手に入れた時、私たちは人々を惹きつけてやまない磁石のようになります。

人々は私たちに引き寄せられ、私たちは前より孤独ではなくなります。私たちの周囲にいるだけで人はいい気分になり、癒やされ始めるのです。他人が私たちのことを魅力的だと感じるもう一つの理由は、自分がなりたいと切望しているものを私たちが体現しているからです。

性的虐待の記憶を克服する

ザックや他のクライアントのように、マギーもまた、うわべだけでも〝普通〟だと感じたいと願っていました。人生は、マギーのような人たちにとって容易なものではありません。彼女は過去の性的虐待を克服するために大変な努力をし、なんとか自分の人生を取り戻したのです。

マギーの場合、子どもの頃、自分に起こったことについて混乱していました。その出来事は、ずっと彼女の心の傷になっていたのです。彼女は自分への虐待が本当に起こったことなのか、あるいは、自分で作り上げたものなのか、ということさえ確信がありませんでした。

彼女のストーリーは、この世で多くの女性によく見られるものです。ですから、彼女がどのようにして癒やしを見つけ、他人の癒やしも助けようとしたのかをぜひご紹介したいと思いました。

マギーが克服したいと願っていたトラウマは、性的虐待の記憶でした。その出来事について確信こそありませんでしたが、自分の想像だけで、実在の人物が出てくるような具体的な記憶はありえないだろうと、どこか深いところで知っていました。

私が初めて会った時、彼女はすでに33年間、このトラウマを持ち続けていました。そのトラウマは、マギーに自分の記憶や精神状態、人間性に対して疑問を抱かせ、彼女をひどく苦しめていたのです。

「このトリガーが作動すると、周囲に誰がいようと、私は闘うか、逃げるかという反応へと駆り立てられるのです。相手が顧客サービスの人であろうと、警察官や同僚であろうとです。想像できると思いますが、そのせいで、理想的とは言えない状況に何度もぶつかりました。けれど、幼少期のトラウマと、現在の自分のおかしな反応との間に重要なつながりがあるとは気づいてもいませんでした。さらに、このトラウマは、家族や友人との関係に多くの問題を引き起こし、その関係性を終わらせていました」

マギーは13年以上、途切れ途切れで3人のセラピストのもとへ通っていました。彼女は、セラピストたちが本当のフィーリングを持つ人間ではないように思えて、好きになれませんでした。

彼らはいつもガードが固く、マギーが話したことに対して何の感情も示しませんでした。マギーが感じていることをただ認めようとするのではなく、むしろ何を言ったら一番よいかをいつも考えているように見えるのが嫌いだったそうです。

「私個人にとって、『完了プロセス』は、伝統的なカウンセリングとまったく異なり、私が切に望んでいたまさにそのものでした。つらい感情をまだ話しもしていないうちに、マインドの中に安全な避難所を作る能力とチャンスとが与えられたのです。ティールに導かれて自分のフィーリングを経験することは、まるでスーパーマンと空を飛び、安全な場所へと連れていってもらうような感じでした。落ちて死ぬかもしれないのでとても怖いはずですが、彼女がそばにいてくれたので、安全で心強く感じました」

マギーの記憶で突出していた瞬間は、彼女に対し、（想像の中で）虐待者のところへまっすぐ行き、殴り倒すべきだと私が提案した時でした。マギーは、その決定的な瞬間が彼女に力を与えてくれたと言いました。また、いつも自分のペースで進めることができてありがたかったそうです。プロセスの最中、マギーはありのままの自分を感じながら、これまでの人生で経験したことがないくらい自分を認めてもらっている気がしたようです。

「初めてこのプロセスを経験した時、怖さや悲しみ、戸惑いや動揺、絶望といった感情をたくさん感じました。その後、このようなフィーリングから、自分が力を与えられ、支持されており、認められて、安全で落ち着いているというようなフィーリングへと移行したのです。そこに至るまで、私は、他人の感情と心からともにいることの難しさを感じていました。深い感情的レベルで、人とつながることができなかったのでしょう。今では、どのような深いレベルの心の痛みでも、前よりずっと受け入れることができるようになりました。それは、自分自身の痛みを受け入れることができたおかげだとわかっています」

その後、マギーは、「完了プロセス認定プラクティショナー」になりました。そして、たった一度のセッションで、どれほどの癒やしが起こるかということに今でも驚き、謙虚な気持ちになると言っています。

「非常に多くの人たちが、子宮にいた時から8歳までに、あるいは、その後に経験したトラウマの統合を助けるチャンスに恵まれました。そして、彼らが命に関わるような身体的虐待や感情的虐待や暴力についての記憶を語ってくれている間、彼らの苦しみとともにいることができる自分の能力に驚いています」

統合はすべての人間関係を向上させる

癒やしが起こり始めると、人間関係は、自然に健全なものになっていきます。なぜなら、お互いが愛情深くなり、共依存ではなく、精神的に自立した相互依存の関係を築けるからです。自分自身を統合する前、私たちは、自分の無意識のニーズを必死で満たそうとしています。ですから、抑圧された自分の側面によって、残された穴を埋めるために関係性を始めようとするのです。

私たちは愛以外の理由で関係性の中にいますが、そのことを理解していません。自分自身と再び統合を始めた時、私たちの存在の中にある穴がようやくふさがります。私たちは全体的な存在になり、さらには、潜在意識による選択ではなく、意識的な選択によって関係性を作り始めます。別の言い方をすれば、自分の潜在意識のニーズを満たすためではなく、愛のために関係性を築こうとするということです。

さらに、私たちは無条件に愛を与えることができるようになります。その結果、関係性における衝突がなくなるでしょう。愛を与え、愛を受け取ることができるようになり、自分自身のことをもっと自覚するようになるので、関係性において意識的な決断ができるのです。かつてのように、パートナーが大々的にトリガーとなることもなくなり、私たちも大げさに反応することが少なくなります。さらには、関係性において衝突が起きた時、相手を非難する理由にするのではなく、お互いに癒やしを与える健全な理由として使い始めるでしょう。

失われた自分を取り戻す

この地上で私たちが経験する苦しみは、時には耐え難いものに思えるかもしれません。けれど、苦しみにはよい面もあるのです。苦しみのよい面（目的）とは、私たちがもう我慢できないくらいに、苦しみが私たちを本当の自分や喜びから切り離してしまうということです。それによって、私たちは、もう失うものが何もないと思うような人生の岐路に立たされます。そして、根本的にこれまでとはまったく違うことをやり始めるのです。

唯一の残された方法として、どんな犠牲を払ってでも、自分を怖がらせるものから逃げるのはやめようと決めるまで、あなたは苦しむしかありません。逃げるのをやめるという決断によって、ようやく自分自身を自由にできるのです。

そして、唯一の答えとは、くるりと向きを変えて、あなたの大嫌いなもののほうへ歩いていくことだとわかるでしょう。あなたはありのままに受け入れる方法を学ぶのです。あなたの目的は、いい気持ちになることではなく、フィーリングの扱い方がうまくなることです。その結果、あなたは今ここにしっかり存在できるようになるでしょう。

あなたの中の無意識のものが、意識しているものになります。渇望は純粋な望みになります。あなたの中にある影は、もはやあなたの意識の光から分離することはありません。あなたは統合を始め、その結果として、〝全体〟としての自分自身を経験するようになるのです。この時、あなたは初めて安らぎというものを垣間見るでしょう。

この日から、あなたは、自分の人生のそれぞれの瞬間を新しい始まりとして見るのです。各瞬間が、新しいことを始めるチャンスになります。そして、毎日毎日、あなたはそのチャンスを手に入れます。澄み切った目で見ることで、あなたは、人生とは過去を意味するのではなく、また、未来を意味するのでもないとわかるでしょう。人生とは今を意味するのです。あなたという存在のすべては、今この瞬間の中に存在しており、将来のすべても今この瞬間にあらわれています。

時間の主観的真実の範囲をはるかに超えて存在する、永遠という客観的現実には、次のような言い習わしの片鱗が見て取れます。その言い習わしとは、「時間というものは存在せず、各瞬間に自分が何になるかはあなた自身の選択である」というものです。あなたはすでにそうであり、いつもそうであるものになることはできません。

「完了プロセス」における人々のさまざまな経験に共通しているものは、「もとの状態に戻った」あるいは「全体になった」というフィーリングです。でも、あなたは壊れたことなどないというのが真実です。あなたが完全でなかったことは一度もありません。

自分自身を再び一つにするプロセスに取り組むことで、完全になろうと奮闘している時、あなたは持続的に進化している完璧な状態にあり、過去や現在や未来のすべてにおいて、いつも全体で、完全な状態にあるという理解に到達するでしょう。

終わりに

苦しみと変容の間には、切っても切れないつながりがあります。ですから、私は、自分が人生で経験したすべての苦しみに感謝しています。それを呪いのように思う日もあれば、まったく違う光の中でそれを見られる日もあります。痛みがそうであるように、私の苦しみは、人生について大きな質問をせざるを得ない場所へと私を放り投げました。

私は生き延びるために、それを知る必要があったのです。そして、とうとう自分が尋ねた質問への答えを見つけました。私のハートは、この宇宙について理解するために大きく開かれました。それは思いやりに対して大きく開かれました。赦しに対しても大きく開かれました。苦しみは、私に、まったく新しい見方という贈り物を与えてくれたのです。

私をもとの状態に戻してくれ、今では多くの人たちの助けになっている「完了プロセス」は、私の痛みがなければ生まれませんでした。ですから、この人生で、私のもっとも偉大な教師として、自分の苦しみに敬意を表したいと思います。それは、実につらい学びの期間でしたが、後悔はまったくありません。

世界中で苦しみを引き起こしている出来事や、人生に悩み苦しむ人々の様子を目のあたりにした時、私たちは自分が無力だと感じます。もし私たちが共感できる人なら、その状況をよくするために何かをしたいと切に願うでしょう。でも、私たちにはその方法がわかりません。その苦しみが、戦争のような大きな衝突によって引き起こされている場合は、なおさらのことです。

私たちは、世の中のすべての苦しみに対して、完全な無力感を抱いてしまうでしょう。そのような時、私たちはいったいどうすればよいでしょうか？　飛行機に乗って戦争が起こっている国へと出向き、戦場の中へと足を踏み入れて、テロリストや兵士たちに殺戮をやめるように訴えるのでしょうか？　そうしたいと思う人もいるかもしれませんが、ほとんどの人の答えは「ノー」でしょう。おそらく、その場にただ立ち尽くし、世の中に見捨てられてしまったように感じるに違いありません。

私たちが理解すべきもっとも大切なことは、切り離された特定の出来事という観点から苦しみに取り組むのをやめるまで、自分の住む世界に対して、あるいは、自分自身に対して満足することは（いい気分になることは）決してないということです。けれど、地上での苦しみを全体的なものとして扱えば、苦しみを減らすことができるでしょう。あなたが無力感ではなく、力を与えられていると感じるだけで、苦しみに影響を及ぼすことができるのです。自分が影響を及ぼすことができると信じるだけで、影響を及ぼすことができるのです。

もし自分が影響を与えられると信じたいなら、さらに、実際に影響を及ぼし始めたいと思っているなら、部分的にではなく、全体として苦しみを見てみてください。自分が何もできないと感じている戦争に注意を向けたり、苦しみを引き起こしている一つの出来事に注意を向けたりするのではなく、苦しみそのものに対して、あるいは、少なくとも集合的な人間の苦しみに対して注意を向けてください。苦しみの全体像を見てほしいのです。私たちは、それに対して目に見える直接的な影響を与えることができるでしょう。

私たちは、毎日、自分の幸せを集合的な幸せに付け加えていくことで、集合的な苦しみを減らすことができると私は信じています。問題に注意を向けて、それに抵抗することと、解決に目を向けて、その方向へと進むことには、ものすごく大きな違いがあります。感情的に力を与えられたと感じた時、あなたは解決のほうに集中しているとわかるでしょう。

苦しみを全体的なものとして見た時、私たちは、自分の苦しみが、集合的な苦しみの一部だとわかるはずです。そうすると、世の中の苦しみを減らすために自分にできる一番大事なことは、個人としての苦しみを減らすことだというのが明らかになります。

私は、「完了プロセス」がそのための助けとなるように願っています。私たちは、すべての人生を構成している目には見えない美しい蜘蛛の巣状のものの中で、互いにつながり合っているのです。ですから、世界の苦しみのためにあなたにできるもっとも重要なこととは、自分の苦しみを減らし、喜びを感じられるようにするために、必要なことは何でもすることだと言えるでしょう。あなた自身のために、私たちみんなのために、この一歩を踏み出してくれたことに心から感謝したいと思います。

付録A　「完了プロセス」のステップリスト

1　安全な避難所を作る。これは一度行なうだけ。
2　感情のヴィパッサナー瞑想をする。フィーリングやトリガーを探求する。
3　現在のフィーリングを認める。
4　記憶を表面に浮かび上がらせる。
5　記憶を再体験する。一人称の視点で経験する。
6　記憶の中のフィーリングを認める。
7　記憶の中で大人の見方をする。受身的に見るのではなく、能動的なビジュアライゼーションを行なう。
8　子どもの感情を認める。
9　子どもが安堵するのを待つ。
10　他の分裂した側面を呼び戻す。
11　記憶の中にいる子どものニーズを満たす。
12　記憶に留まるか、避難所へ行くかの選択肢を与える。
13　統合の完了状態をチェックする。もし子どもが留まることを選択したら、ステップ10から12

までを繰り返す。子どもが安全な避難所へ行くことを選択したら、次のステップへ進む。

14 安全な避難所へ入ったら、記憶を閉じる。子どもが抜け出した記憶は、風船が収縮あるいは破裂するように、閉じられる。

15 浄化と癒やしの儀式を行ない、子どもが過去と現在の間に距離を置くことができるようにする。

16 安全な避難所で、子どものニーズを満たす。もしそれが十分にできなければ、ステップ2から15を繰り返す。

17 子どもに安全な避難所に留まるか、大人の自分に融合するかという選択肢を与える。

18 今という時間の視野に戻す。

付録B　「完了プロセス認定プラクティショナー（CPCP）」になるために

この本を読んでおわかりになったと思いますが、「完了プロセス」は、あなた自身を癒やすために役立つものだと私は信じています。あなたは、自分自身を再び一つに戻すパワーを持っているのです。あなたの癒やしは、他の誰かに左右されるものではありません。

大半の人にとって、外部のファシリテーターが絶対必要というわけではありませんが、訓練を受けたプラクティショナーと「完了プロセス」を一緒に経験することで安心感や恩恵が得られるというのも事実です。このプロセスは、疑いなく、かなり激しい感情の経験をもたらすものだからです。このような理由から、私は、「完了プロセス」のプラクティショナーを養成し、資格を与える認定コースを作ることにしました。

過酷な虐待を体験し、精神的に刷り込まれているような場合は、外部からサポートしてもらうことをおすすめします。このレベルの強烈な虐待を体験した人は、自分自身の受けたプログラミングを十分理解していないので、「完了プロセス」が潜在意識のプログラムを作動させるはずはないと感じるかもしれません。この時、トリガーが解離性遁走《かいりせいとんそう》（過去の記憶の一部、またはすべてを失い、家族や仕事を残して姿を消すこと）の状態をもたらす可能性もあります。ですから、資格のあるプラクティショナーにそばにいてもらいながらこのプロセスを行なうとよいでしょう。

潜在意識は、顕在意識の邪魔をするものから守るために存在するということを覚えていてください。あなたの潜在意識は、あらゆる種類のトリックや障害にも傷つくことはありません。「完了プロセス認定プラクティショナー（ＣＰＣＰ）」は、このような潜在意識の作り出す防衛手段に取り組むように訓練されています。認定プラクティショナーの助けを得ることで、自分のマインドと闘うことを心配せずに、プロセスを最後までやり遂げられるでしょう。

私は、本当にごくわずかな人しか、幼少期に無条件の注目を与えてもらう経験をしていないということに気がつきました。ですから、このプロセスを行なう間、無条件に自分のそばにいてくれる人がいるという経験は、それ自体が癒やしとなるでしょう。さらに、プロセスが（あるいは、人生そのものが）大変になって、助けがほしいと感じた時にも有効です。

「完了プロセス認定プラクティショナー」全員が、このプロセスについて熟知しています。他人を助けられるように訓練を受けただけでなく、彼ら自身もこのプロセスに取り組んでいるからです。もし全面的かつ無条件に自分自身とともにいることを学んだなら、他人に対してもまったく同じことしかできないでしょう。

認定資格の養成コースでは、誰が助けを求めてきてもいいように、一定レベルの直感力と共感力を育てなければなりません。人にはそれぞれ異なった個性があるので、このプロセスをサポートしている時に、あなたが出会うかもしれないあらゆることを包括するのは不可能です。ですから、ここでは一般的な傾向についてお話しし、あとは、問題が起きるたびに、ファシリテーターとともにその個別な事情に取り組みたいと思います。

「完了プロセス」についてもっと知りたい、あるいは「完了プロセス認定プラクティショナー」になるための情報がほしいという場合には、www.thecompletionprocess.com を参照してください。

謝辞

このプロセスは、私が自分自身をもと通りの状態にする方法を見つけたいという強い思いから、何年にもわたり必死に努力を続けた結果として生まれたものです。この特別な旅において、私に影響を与えてくれ、私を助けてくれた多くの人たちにはいつも感謝しています。その中には、私のワークをサポートしてくれている世界中のフォロワーも含まれます。この場を借りて、皆さんに心の底からお礼を言いたいと思います。

特に「完了プロセス」に関して、再びもとの自分を取り戻すために、他人が無条件にともにいてくれることが重要であると発見しましたが、ここでそうしてくれた人たちにお礼を言えることは喜びであり、とても光栄に感じています。

まずお礼を言いたいのは、私の壮絶なトラウマと向き合ってくれた最初のセラピストです（彼女の安全のために匿名にします）。私はレイプ被害者支援センターによって、有能な彼女のもとへと送られました。そして、彼女のおかげで、自分のインナーチャイルドと再びつながり、自分自身を救うプロセスを始められたのです。彼女のように温かく、共感的なセラピストには、これまで出会ったことがありません。残酷極まりない虐待の被害者を守る選択をしたセラピストは、多くの人が想像できないような危険に身を晒されることになるのです。その勇敢さから恩恵を受けた私たちは、あなたに対する感謝の気持ちを永遠に忘れることはないでしょう。

2番目にお礼を言いたいのは、ローレン・ストークスです。目の前にいかなる試練が立ちはだかろうと、彼女はもっとも忠実で、決して変わることのない友人です。私たちは、子どもの頃からの親友です。長い間、彼女は私の唯一の友人でした。私はもちろんのこと、あらゆる人に対する彼女の献身ぶりは、本当に素晴らしいとしか言いようがありません。

3番目にお礼を言いたいのは、ブレイク・ダイアーです。ブレイクは、私がこれまで出会った中でもっとも無条件の愛の人です。私が虐待から逃げるのを助けてくれ、それからずっと無条件で私のそばにいてくれました。ブレイクという基盤の上に、私は新しい人生を築くことができたのです。そのような基盤がなければ、この世の何一つとして可能にはならなかったでしょう。

4番目にお礼を言いたいのは、グラシェラ・エルナンデスです。彼女は、私がもっとも助けを必要としている時に、私の人生にあらわれました。彼女の揺るぎない心は私をしっかり支えてくれました。彼女が私の人生へやってきてくれたことを、宇宙に感謝しています。

5番目にお礼を言いたいのは、アレ・ジコです。私が「完了プロセス」を用いて孤独感と羞恥心という自分の深い傷を癒やした結果として、彼が私の人生にあらわれました。私の人生のすべてをこれほど信じてくれた男性には出会ったことがなく、彼ほど愛にあふれた人は見たことがありません。あなたをとても愛しています。

6番目にお礼を言いたいのは、私の息子であるウィンターです。彼の優しい魂が持つ純粋さの母親になるため、私は自分自身と真剣に向き合わなければなりませんでした。私は、息子に覚えていてもらいたい人物になろうと全力を注いだのです。彼のために、私は全体性を取り戻すための答えを見つけなければならず、実際にそうしました。ウィンターは、私の人生において、癒やしの旅を始める最大のきっかけをもたらしてくれました。私がそうであったように、彼が大人になった時、私たちが母と息子として生きることになった運命を素晴らしいものだと感じてくれるように願っています。

7番目にお礼を言いたいのは、私の両親です。何年か前、母はアカデミー賞授与式のテレビ番組を見ていた時、ステージに上がった受賞者が次々と自分の両親に感謝するのを目にして泣き出しました。母は私のキャリアが成功しても、決して同じことをしてくれることはないとわかっていたのです。子ども時代に起こった出来事によって、私たちの間には、言葉では表現できない痛みがずっと存在していました。私のキャリアは、両親によって与えられた痛手を克服することに重点が置かれていたからです。でも、母が悪かったわけではありません。現在、私はステージに立ち、両親に対して感謝の気持ちを述べています。なぜなら、私たちの人生で展開されるストーリーは、もっと大きな視点で捉えるべきだからです。

私たちの一人ひとりに、ストーリーの中の役割があります。起こることはその結果にすぎません。何年にもわたり苦しみを経験することによって、私たちは小さなことを乗り越えることができるようになるのです。私たちの人生は豊かな意味に満ちあふれています。生涯にわたり社会的改革を目指した活動家たちのように、私はよりよい地球を創造するという永遠の願いを抱きながら、献身的に取り組み続けることでしょう。

素晴らしい編集者であるシモーネ・グラハムにもお礼を言いたいと思います。彼女は私の作品が世の中へ羽ばたけるように、アーティストである私の手をとって、この作品を構築し、磨き上げるプロセスをともに歩んでくれました。

そして、何年もの間、現存するもの以上に優れたプロセスを作り上げようと、さまざまな試行錯誤を繰り返す中で出会ったクライアントや友人たちにお礼を言いたいと思います。心を開いて、私とともにこの探求に参加してくれたことに、世界中の人々が感謝しているに違いありません。あなたたちとの日々が、今懐かしく思い出されます。私はあなた方の誰一人として決して忘れることはないでしょう。

訳者あとがき

精神世界のカタリスト（改革者）として知られるティール・スワンは、これまでに4冊の本を出版しています。

1冊目は、宇宙の仕組みについて書かれた『The Sculptor in the Sky』（未邦訳）、2冊目は自己愛についての『自分を愛せなくなってしまった人へ』（ナチュラルスピリット）、3作目はトラウマの解消に関する本書、そして4冊目は、孤独と真のつながりがテーマの『なぜ「孤独感」を感じてしまうのか』（徳間書店）です。諸事情で、4作目が先に出版されたため、3作目の本書には『なぜ「孤独感」を感じてしまうのか』の内容と一部重複するところがあります。

本書の原題は、『The Completion Process（完了プロセス）』です。その意味は、幼少期のトラウマ的な出来事によって分断化されていたストーリーを一つひとつ完了させていきながら、ふたたび完全な自分、本当の自分を取り戻すプロセスということです。

トラウマというと身体的虐待のイメージを持つかもしれませんが、実際には、母親から「メソメソするんじゃない」などと叱られたり、自分の話を聞いてもらえなかったなど、大人の自分からはまったく小さな出来事に見えることでも、子どもにとっては十分にトラウマになり得ます。

なぜなら、当時子どもだったあなたは、母親の言葉に深く傷つき、弱虫の側面を自分から切り離すと決心するからです。そのようにして自分の内側での分断化が進み、その悲しみや傷はずっと奥に隠されたままになります。大人になると、それが人間関係の問題、依存症的な行動、「何かが違う」という漠然とした思い、あるいは、身体的な病などとして表面に現れてくるのです。

「完了プロセス」は、ティール・スワンが自らのトラウマを癒やすために作り上げた18のステップからなるワークです。さまざまな出来事や状況によって、潜在意識の中に隠れていたトラウマを経験した時の自分の感情や思いが浮上してきた時、それを再体験し、徹底的に感じることで手放していきます。そうすることで、過去に抑圧した自分の一部を再び取り戻すことができ、本来の自分の個性や才能を十分に輝かせることができるようになるのです。

感情に関する問題について、ティール・スワンほど鋭い切り込みを入れ、理路整然と説明できる人は他にいないと思います。それはおそらく、カルト集団の虐待から自由になったあと、自殺願望に苦しめられていた彼女が、一日一日を生き延びるためにもっとも必要なことだったからでしょう。自分に対する嫌悪感や絶望感しかない状態から、「自分を愛している」と言えるようになるには、これまでずっと封じ込めてきた痛みや恐れや怒りなど、あらゆる感情を再び感じる必要がありました。ですから、「癒やしは、自分の感情を本当に感じることから始まる」というのが、彼女の教えの真髄なのです。

自分の感情を感じるというのは、私がずっと避けてきたことでした。これまで感情のワークに取り組んだことは何度かありましたが、この本を訳しながら、自分の内側に何重もの蓋でしっかり隠された深い傷がまだ残っているのを感じたのです。そして、いかに自分がその傷や悲しみから逃げたいと思っているか、自分の感情を感じないようにするために考え続けてばかりいるか、ということを発見しました。

私に必要なのは、自分の痛みから逃げずに、その痛みを十分に感じ、涙を流すことなのだと痛感したのです。そして、「自分を癒やせるのは自分自身しかいない」というティール・スワンの言葉に支えられ、自分の感情と向き合うという癒やしの旅を始めたところです。

私にとって、ティール・スワンの著作の翻訳は3作目ですが、毎回、出版が決まるまでの道のりは、決して平坦とは言えないものでした。その都度、どうしてこれほどまでティール・スワンの本を翻訳したいのだろうかと自分に問いかけ、それに対する自分の並々ならぬ情熱を発見して驚くこともありました。でも、今回、自分の心とじっくり向き合う時間を得て、ようやくその答えがわかったような気がしています。

それは、壮絶な経験に苦しみながら、むしろその炎の中へ自ら飛び込み、不死鳥のように蘇った彼女の勇敢さに強く惹かれたからだと思います。そして、想像し難いほどの辛い過去に対して、人生最大の贈り物だったと語る彼女についてもっと知りたいと強く感じたからです。

人生が耐え難い困難を与えた時、その不運を呪うのではなく、打ちのめされてズタズタになりながらも、何度も立ち上がり、やがて新しい生き方を見出す人たちがいます。私は、どうしてそのようなことが可能なのか、どうすれば彼らのようになれるのかを知りたいとずっと願っていたのです。ティール・スワンは、まさに、そのような勇敢な魂の持ち主でした。

本書には、ティール・スワンの他にも、そのような人たちの話がたくさん紹介されています。彼らは、肉体的あるいは精神的に粉々に壊れてしまうまで、自分が本当は何を感じ、何を望んでいるのか、まったくわからずに生きてきました。しかし、自らの痛みから逃げず、敢えて向き合った時、バラバラになっていた自らの破片が一つになり、本当の自分の素晴らしさと巡り合えたのです。この本を通して、読者の方々が本当の自分と再び出会うことができるように願いながら、ティール・スワンがよく引用する言葉をお贈りしたいと思います。

「やがて、蕾を固くしたままでいるほうが、花を開くという危険を冒すことよりも痛みをもたらす日がやってくる」(アナイス・ニン)

最後になりますが、この本の持つ力をご理解くださり、出版をご決断くださったナチュラルスピリットの今井社長、編集を担当してくださった中村綾乃さんにお礼を申し上げます。

令和二年　春

奥野節子

●著者紹介

ティール・スワン　(Teal Swan)

精神世界に新風を吹き込む、世界的なスピリチュアルリーダー。生まれながらに透視、霊感、霊聴などの並外れた超感覚を持っていたために、6歳から19歳で逃げ出すまで、カルト集団にとらわれ精神的・肉体的虐待を受けた。自由の身になってからは、トラウマ的な過去を乗り越えて自分を愛するためのワークを続ける。現在は、自分が学んだことをワークショップやインターネット動画、出版物やアート作品を通して、世界中の人たちとわかち合っている。

●訳者紹介

奥野節子（おくの せつこ）

北海道生まれ。高校の英語教師を経て、ジョージ・ワシントン大学大学院修了。訳書に、『エンジェル・ガイダンス』(ダイヤモンド社)、『なぜ「孤独感」を感じてしまうのか』(徳間書店)、『喜びから人生を生きる！』『もしここが天国だったら？』『自分を愛せなくなってしまった人へ』(ナチュラルスピリット)、その他多数がある。

完了プロセス

●

2020年8月24日　初版発行

著者／ティール・スワン
訳者／奥野節子

装幀／斉藤よしのぶ
編集／中村綾乃
DTP／山中　央

発行者／今井博揮

発行所／株式会社ナチュラルスピリット

〒101-0051 東京都千代田区神田神保町3-2　高橋ビル2階
TEL 03-6450-5938　FAX 03-6450-5978
E-mail　info@naturalspirit.co.jp
ホームページ　https://www.naturalspirit.co.jp/

印刷所／創栄図書印刷株式会社

ISBN978-4-86451-341-8　C0011